오싹한 공룡 시상식
공룡 챔피언
THE DINOSAUR AWARDS

초판 1쇄 2021년 11월 24일   초판 2쇄 2022년 11월 28일
글 바바라 타일러   그림 스티븐 콜린스   옮김 박진영
편집 이다정, 김민영   디자인 효효스튜디오   마케팅 강백산, 강지연
펴낸이 이재일   펴낸곳 토토북 04034 서울시 마포구 양화로11길 18, 3층 (서교동, 원오빌딩)
전화 02-332-6255   팩스 02-332-6286
홈페이지 www.totobook.com   전자우편 totobooks@hanmail.net
출판등록 2002년 5월 30일 제10-2394호
ISBN 978-89-6496-459-0 73490

The Dinosaur Awards
Text copyright ⓒ Barbara Taylor 2021
Illustrations copyright ⓒ Stephen Collins 2021
First published in 2021 by Frances Lincoln Children's Books, an imprint of The Quarto Group.

All rights reserved.
Korean language edition ⓒ 2021 by TOTOBOOK Publishing Co.
Korean translation rights arranged with The Quarto Group through EntersKorea Co., Ltd., Seoul, Korea.

이 책의 한국어판 저작권은 (주)엔터스코리아를 통한 저작권사와의 독점 계약으로 토토북이 소유합니다.
저작권법에 의하여 한국 내에서 보호를 받는 저작물이므로 무단전재와 무단복제를 금합니다.
잘못된 책은 구입처에서 바꾸어 드립니다.

일러두기
• 공룡의 이름은 한국 고생물 학회의 원칙에 따라 학명을 라틴어 발음대로 표기했습니다.
• 공룡에 대한 정보는 이 책을 한국어로 옮긴 고생물학자 박진영이 감수했습니다.

아주 특별한 공룡 시상식에 오신 여러분을 환영합니다!

어서 오세요, 여러분! 시상식이 곧 시작됩니다.
오싹한 공룡 시상식에서는 뚜렷한 개성과 독특한 능력을 지닌
기상천외한 공룡들을 만나 볼 수 있습니다.
발톱이 누구보다 날카로운 공룡, 입이 가장 큰 공룡,
깃털이 눈부시게 화려한 공룡 등이 명예로운 상을 받는답니다.
어떤 공룡은 낯이 익겠지만 처음 보는 공룡도 있을 거예요.

여러분은 악기처럼 소리를 낼 수 있는 공룡을 알고 있나요?
경주마만큼 재빠른 공룡과 꼬리가 다람쥐처럼 복슬복슬한 공룡은요?
이번 시상식에서 상을 받은 공룡들이 챔피언이 된 이유를 알아보세요.
오싹하고 독특한 공룡들이 어떻게 살았는지도 자세히 알게 될 거예요.

수많은 공룡들 중에서 최고의 챔피언을 뽑는 건 꽤 어려운 일이었습니다.
여러분은 공룡 수상자들의 뛰어난 재능에 놀라고, 신비로움마저 느끼게 될 것입니다.

자, 지금부터 공룡 시상식을 시작하겠습니다.
큰 박수로 공룡들을 맞아 주세요!

벨로키랍토르 VELOCIRAPTOR

이름 뜻 빠른 약탈자
살던 시기 7400만 년~7000만 년 전 (백악기)
몸길이 1.8미터   **키** 50센티미터~80센티미터
발견 장소 아시아(몽골, 중국)
식성 육식(파충류, 양서류, 포유류, 새끼 공룡, 곤충)
몸무게 최대 15킬로그램

진짜 벨로키랍토르는 영화 <쥬라기 월드> 속의 모습과는 달랐습니다. 몸집이 작고 깃털로 덮였으며, 교활하거나 영리하지도 않았습니다. 그래도 엄청나게 날카로운 갈고리발톱이 있어서 천적들에게 위협적인 사냥꾼이었답니다.

칠면조 크기의 벨로키랍토르는 이름의 뜻처럼 아주 재빨랐습니다. 작은 포유류와 파충류를 뒤쫓아 순식간에 뒷발의 커다란 갈고리발톱으로 먹잇감을 찔러서 잡았습니다. 강력한 발톱으로 사냥하는 독수리처럼요. 하지만 독수리와 달리 벨로키랍토르는 가장자리가 들쭉날쭉한 매우 날카로운 이빨을 갖고 있었습니다. 앞발에는 작고 휘어진 발톱 세 개가 있어서 먹잇감을 단단히 붙잡을 수 있었습니다.

날개 같은 앞다리와 깃털이 있었지만, 날지 못했습니다. 대신에 솜털 같은 깃털로 체온을 따뜻하게 유지할 수 있었답니다.

벨로키랍토르는 몸집에 비해 뇌가 상당히 컸습니다. 천재는 아니었지만 꽤 똑똑한 편이었답니다.

날렵한 새처럼 생긴 벨로키랍토르는 뒷발에 달린 무시무시한 갈고리발톱으로 먹잇감을 사냥했습니다.

오 세상에, 발톱이 정말 멋져요.

굉장히 길고 튼튼해서 사냥할 때 아주 좋겠어요!

타고난 건가요?

네, 저는 운이 좋아요.

우리 집안 내력이거든요!

친타오사우루스 TSINTAOSAURUS

이름 뜻 칭다오(중국의 지명) 도마뱀
살던 시기 8300만 년~7100만 년 전 (백악기)
몸길이 10미터   **키** 3.6미터
발견 장소 아시아(중국)
식성 초식(양치류, 침엽수)
몸무게 2.7톤

공룡이 살던 시대에 유니콘이 있었던 걸까요? 글쎄요, 친타오사우루스의 뼈 화석을 처음 발견했을 때 과학자들은 이 공룡의 이마에 뼈로 된 가시가 길쭉하게 솟아 있다고 생각했습니다. 마치 유니콘의 뿔처럼 말이에요. 그래서 '유니콘 공룡'으로 알려지게 되었지요.

과학자들은 훗날 이 뼈가 머리 뒤로 뻗어 있었으며, 속이 텅 빈 머리 볏의 일부였다는 것을 알아냈습니다. 이와 같은 머리 볏은 주로 오리주둥이공룡들에게서 찾아볼 수 있었는데요. (오리처럼 주둥이가 넓적한 공룡들을 '오리주둥이공룡'이라고 부른답니다.) 친타오사우루스는 이 오리주둥이공룡들의 오래된 조상이었을 것입니다.

오리와 달리 친타오사우루스의 주둥이 안에는 수백 개의 이빨이 나 있었답니다. 친타오사우루스는 날카로운 주둥이로 자른 잎사귀를 이빨로 으깨어 먹었습니다. 이빨이 닳으면 날카로운 이빨이 새로 돋아났습니다.

친타오사우루스의 머리 볏은 유니콘의 뿔이라기보다는 주걱처럼 보였습니다. 하지만 여전히 전설적인 공룡임에는 틀림없습니다.

전설의 유니콘 상을 수상한 친타오사우루스의 놀라운 정보

평화로운 초식 공룡인 친타오사우루스는 여럿이 무리를 지어 살았을 겁니다. 주위를 감시하는 눈들이 많으면 더 안전할 테니까요.

몇몇 과학자들은 친타오사우루스의 머리끝에 길쭉한 뼈가 솟아 있다는 걸 믿지 않았습니다. 코뼈를 잘못 본 것이라고 생각했지요.

친타오사우루스는 젖소보다 네 배쯤 더 무거웠습니다.

과학자들은 이 '유니콘 뿔'이 주둥이 끝에서 머리뼈 윗부분까지 하나로 연결된 큰 머리 볏의 일부분이라고 생각합니다.

친타오사우루스는 머리 볏으로 소리를 내서 친구와 가족들을 불렀을지도 모릅니다. 또한 머리 볏을 보고 서로를 알아보았을 겁니다. 앵무새 같은 새들은 머리 볏으로 자신을 뽐내거나 짝을 유혹합니다. 친타오사우루스도 마찬가지였을 겁니다.

친타오사우루스는 두 다리 또는 네 다리로 걸었습니다. 그래서 땅바닥 근처에서 자라는 양치류부터 키 큰 침엽수의 잎사귀까지 마음껏 뜯어 먹을 수 있었답니다.

페고마스탁스 PEGOMASTAX

이름 뜻 강한 턱
살던 시기 2억 년~1억 9000만 년 전 (쥐라기)
몸길이 60센티미터　**키** 60센티미터 이하
발견 장소 남아프리카
식성 초식(나뭇잎, 씨앗, 견과류, 과일)
몸무게 2.2킬로그램

이 공룡의 몸집은 고양이만 하고, 등에는 고슴도치처럼 가시털이 돋아 있습니다. 입은 앵무새 부리처럼 뾰족한 데다 송곳니도 나 있지요. 성질머리는 또 얼마나 고약한지 몰라요.

페고마스탁스는 뱀파이어처럼 송곳니가 뾰족하지만, 초식 공룡이었답니다. 멋진 송곳니는 천적을 물어뜯거나 경쟁자와 싸울 때 쓰였을 겁니다. 물론 먹이를 먹을 때도 필요했겠지요. 송곳니 뒤에는 길쭉한 이빨들이 나 있었는데, 잎사귀나 과일을 자르는 날카로운 한 쌍의 가위 같았습니다.

페고마스탁스는 몸집이 작았습니다. 사나운 육식 공룡들이 먹잇감으로 노릴 만했겠지요. 하지만 페고마스탁스도 만만한 공룡이 아니었습니다! 머리와 등에 난 뻣뻣한 깃털들 좀 보세요! 어떤 포식자가 목구멍이 따끔거릴 것 같은 간식을 먹고 싶었겠어요.

페고마스탁스는 강한 턱과 뾰족한 부리 덕분에 단단한 열매를 손쉽게 깨뜨려 먹었습니다. 정말이지 최고로 억센 공룡이었답니다.

페고마스탁스가 작아서 귀여워 보인다고요? 사실은 날카로운 부리와 고약한 성질머리를 가진 악당이랍니다.

귀여운 악당 상을 수상한 페고마스탁스의 놀라운 정보

페고마스탁스의 뼈 화석은 거의 50년 동안이나 미국 대학의 표본 창고 속에 있었습니다.

마침내 폴 세레노라는 과학자가 페고마스탁스의 화석을 연구했습니다. 이 화석은 약 2억 년 된 암석 속에서 발견되었지요.

그는 뼛조각들을 모아 자세히 연구했고, 마침내 뱀파이어를 꼭 닮은 공룡을 발견했답니다!

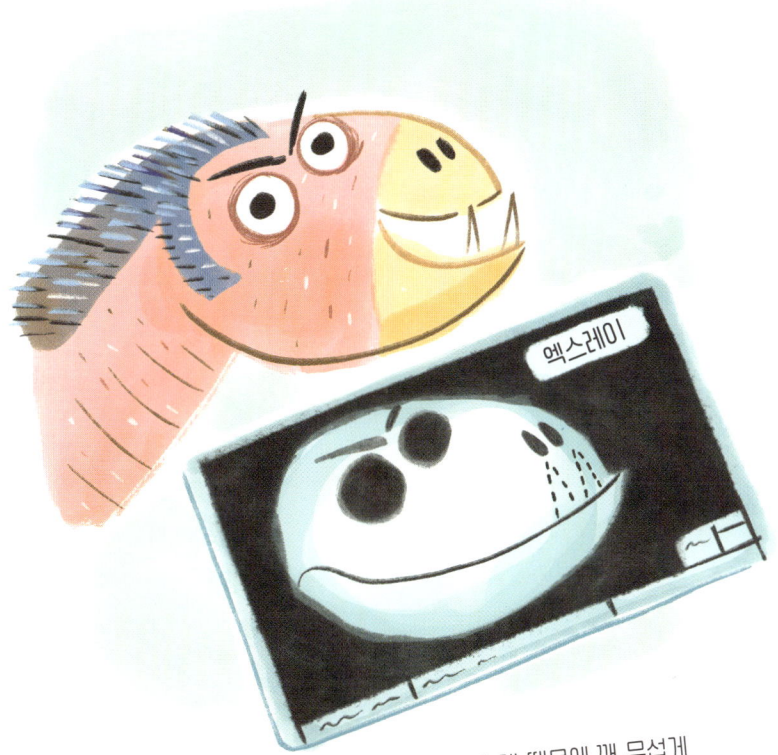

페고마스탁스는 아래턱의 송곳니 두 개 때문에 꽤 무섭게 보이지만 입을 다물면 송곳니가 위턱의 주머니 속으로 쏙 들어가서 보이지 않았답니다.

페고마스탁스는 머리와 등에 나 있는 뻣뻣한 깃털로 친구를 알아보거나 짝을 유혹했을 겁니다.

페고마스탁스에게 최고의 방어 수단은 긴 뒷다리였습니다. 공격을 당하면 재빠르게 도망칠 수 있으니까요. 하지만 궁지에 몰리면 송곳니를 드러내며 포식자에 맞서 싸웠을 거예요.

마멘키사우루스 MAMENCHISAURUS

이름 뜻 마멘시(중국의 지명) 도마뱀
살던 시기 1억 6000만 년~1억 4500만 년 전 (쥐라기)
몸길이 21미터~35미터
키 9미터~11미터
발견 장소 아시아(몽골, 중국)
식성 초식(침엽수, 양치류, 소철류, 속새류, 이끼류)
몸무게 18톤~32톤

목이 시내버스만큼이나 긴 마멘키사우루스를 아시나요? 다른 어느 부위보다 목이 길어서 이 상을 받았습니다.

실제 마멘키사우루스의 목은 최대 14미터로, 기린보다 무려 여덟 배나 더 길었습니다. 전문가들은 마멘키사우루스가 목을 꼿꼿이 세운 채로 지냈을 거라고 짐작합니다. 목뼈 사이의 관절이 뻣뻣했기 때문이지요.

마멘키사우루스는 키 작은 식물을 먹을 때 우뚝 선 채로 땅 근처에서 목만 앞뒤로 움직였을 겁니다. 그래야 힘을 아낄 수 있으니까요. 또한 울창한 숲이나 습지 사이로 머리를 쑥 들이밀고 맛있는 식물을 뜯어 먹었을 것입니다. 못처럼 생긴 이빨 덕분에 나뭇가지에서 잎사귀를 뜯기 쉬웠답니다.

마멘키사우루스는 힘을 유지하고 살아남기 위해서 매일 엄청나게 많은 양의 식물을 먹어 치웠습니다. 게다가 너무너무 무거워서 발을 내딛을 때마다 땅이 움푹움푹 파였습니다. 마멘키사우루스한테서 거대하지 않은 부위는 딱 하나, 바로 아주 작은 뇌였지요!

목이 긴 친척인 디플로도쿠스나 아르겐티노사우루스처럼 마멘키사우루스도 무리 지어 살았을 겁니다.

카우딥테릭스 CAUDIPTERYX

이름 뜻 꼬리 깃털
살던 시기 1억 3000만 년~1억 2300만 년 전 (백악기)
몸길이 1미터　　**키** 60센티미터~1미터
발견 장소 아시아(중국)
식성 잡식(식물, 곤충)
몸무게 7킬로그램

이것은 새인가요? 비행기인가요? 카우딥테릭스입니다! 이 공룡은 새랑 비슷한 점이 많습니다. 어쩌면 초기의 새 아르카이옵테릭스와 같은 공룡으로부터 진화했을지도요!

새와 가장 비슷한 특징 중 하나는 눈부신 꼬리 깃털이었습니다. 카우딥테릭스는 꼬리 깃털을 부채처럼 활짝 펴서 짝을 유혹했을 겁니다. 마치 오늘날의 공작처럼 말이에요.

초기의 새들처럼 카우딥테릭스도 이빨이 작고 연약했습니다. 이 이빨은 위턱 앞쪽에만 나 있었지요. 아래턱에는 이빨이 아예 없었고, 주둥이 끝에는 단단한 부리가 있었습니다.

새와 비슷한 점이 이렇게나 많았지만, 카우딥테릭스는 하늘을 날지 못했습니다! 그 대신에 길고 튼튼한 앞다리 두 개를 퍼덕이며 돌아다녔지요. 앞다리 깃털은 빨리 달릴 때 몸의 방향을 조종하는 역할을 했을 거예요.

카우딥테릭스는 새랑 비슷한 점이 많았습니다. 특히 눈부신 꼬리 깃털은 오늘날의 공작을 떠오르게 합니다.

눈부신 깃털 상을 수상한 카우딥테릭스의 놀라운 정보

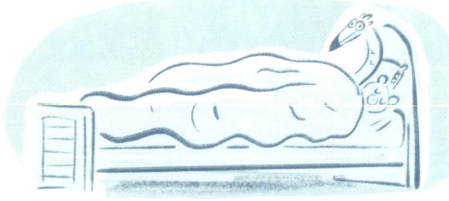

카우딥테릭스는 최초로 발견된 깃털 달린 공룡 중 하나였습니다. 온몸이 짧은 솜털 같은 깃털로 덮여 있었습니다.

카우딥테릭스의 앞다리에는 긴 깃털들이 한 줄로 늘어져 있었습니다. 이것은 서로 연결돼 있어서 오늘날의 날지 못하는 새의 깃털과 비슷했답니다.

카우딥테릭스는 꼬리 끝에 깃털이 훨씬 많았습니다. 길이는 각각 20센티미터 정도였지요. 화석의 깃털 부분에 어둡고 밝은 띠들이 있었지요. 깃털에 알록달록한 줄무늬가 있었을 것으로 짐작된답니다.

카우딥테릭스는 부채 같은 꼬리를 언제 사용했을까요? 짝에게 매력을 뽐내고 싶을 때나, 빠르게 달리다가 몸의 방향을 바꿔야 할 때 썼을 것입니다.

카우딥테릭스는 중국의 호수와 강 근처에서 살았습니다. 식물을 주로 먹었으나, 물가에서 흔히 보이는 곤충도 잡아먹었을 겁니다.

카우딥테릭스는 작은 돌을 삼켜 위장에 담아 두었어요. 이 돌은 먹은 음식을 잘게 으깨어 소화를 쉽게 해 주었답니다.

큰 것이 아름답다 상

자, 이제 레드 카펫을 주목해 주세요!
'큰 것이 아름답다' 상을 시상할 차례입니다.
상상을 초월할 만큼 어마어마하게 큰 공룡들을
만나 보겠습니다.

티타노케라톱스 TITANOCERATOPS
무지막지한 머리 상

몸길이 6.8미터 **살던 시기** 8300만 년~7000만 년 전 (백악기)
몸무게 6톤 **발견 장소** 북아메리카

―――――

이 거대한 공룡은 트리케라톱스의 조상입니다. 그리스 신화에 나오는 거인족 '티탄'의 이름을 따서 '티탄 뿔 얼굴'로 불리게 되었지요. 티타노케라톱스의 머리뼈 길이는 무려 2.65미터나 됩니다. 축구 골대 높이(2.44미터)보다 길어요.

기간토랍토르 GIGANTORAPTOR
가장 큰 새 상

몸길이 8미터 **살던 시기** 8500만 년~7900만 년 전 (백악기)
몸무게 1톤 **발견 장소** 아시아(몽골)

―――――

덩치가 큰 타조처럼 생긴 기간토랍토르는 지금까지 발견된 깃털 공룡 중에서 가장 크고, 부리를 가진 공룡 중에서도 가장 큽니다. 크고 단단한 부리로 식물과 벌레, 알, 작은 동물들을 쪼아 먹고, 기다란 발톱으로 나무에서 잎사귀와 열매를 뜯어 먹는 잡식 공룡이었을 겁니다. 포식자를 피할 때에는 길고 튼튼한 뒷다리로 재빨리 도망쳤을 거예요.

아르겐티노사우루스 ARGENTINOSAURUS
헤비급 초식 공룡 상

몸길이 22미터~35미터 **살던 시기** 1억 년~9200만 년 전 (백악기)
몸무게 66톤~77톤 **발견 장소** 남아메리카(아르헨티나)

이 공룡의 몸무게는 소방차 여섯 대의 무게와 맞먹습니다. 걸어 다닐 때마다 땅이 흔들렸을 겁니다. 커다란 몸집을 유지하기 위해 어마어마한 양의 식물을 먹어 치웠답니다. 갈비뼈, 척추, 그리고 다리뼈와 같은 골격의 일부분만 발견됐기 때문에 과학자들은 이 공룡의 정확한 크기를 아직까지 모릅니다.

스피노사우루스 SPINOSAURUS
엄청나게 큰 육식 공룡 상

몸길이 12미터~18미터 **살던 시기** 9500만 년~7000만 년 전 (백악기)
몸무게 8톤~18톤 **발견 장소** 북아프리카

지금까지 발견된 육식 공룡 중에서 몸길이가 가장 깁니다. 큰 물고기와 해양 파충류를 잡아먹었고, 수영을 했을 것으로 추정됩니다. 척추가 높게 솟아올라 만들어진 돛은 그 높이가 무려 1.65미터를 넘습니다. 여기에 지방을 저장하여 물속에서 헤엄칠 수 있었는지도 모릅니다. 체온 조절 역할을 했을 수도 있습니다. 돛에 무늬가 있어서 서로를 알아보거나 짝을 유혹하는 데 쓰였다는 가설도 있답니다.

티라노사우루스 렉스 (티 렉스) TYRANNOSAURUS REX (T. REX)

이름 뜻 폭군 도마뱀 왕
살던 시기 6800만 년~6600만 년 전 (백악기)
몸길이 12미터　　**키** 4미터
발견 장소 북아메리카
식성 육식 (살아 있거나 죽은 공룡)
몸무게 최대 8톤

조심하세요! 티 렉스에게 물리면 뼈가 으스러질 테니까요. 티 렉스는 바나나만 한 톱니 모양 이빨이 50개가 넘고, 사람을 통째로 삼킬 수 있을 만큼 큰 턱으로 유명하지요. 공룡의 제왕 상을 받을 자격이 충분하답니다!

티 렉스의 무는 힘은 지금까지 살았던 그 어떤 육상 동물들보다 훨씬 강했습니다. 목 근육은 최대 1.5미터나 되는 머리뼈를 지탱할 수 있을 만큼 두꺼웠습니다. 티 렉스의 뇌는 다른 거대한 육식 공룡의 뇌보다 거의 두 배로 컸습니다. 특히 시력과 후각을 담당하는 부위가 컸답니다.

티 렉스의 능력은 그뿐만이 아닙니다! 티 렉스는 최대 시속 40킬로미터로 먹잇감을 뒤쫓을 만큼 빨랐습니다. 사람이 공룡 시대에 살았다면 티 렉스에게 쉽게 잡혔을 겁니다.

티 렉스의 몸이 비늘로 덮였는지, 깃털로 덮였는지는 아직까지 아무도 모른답니다. 폭신한 깃털로 덮여 있던 새끼 티 렉스가 어른이 되면 몸 일부에 뻣뻣한 깃털이 났을지도 모릅니다.

몸길이가 버스만큼이나 기다란 티 렉스는 아주 크고 막강한 육식 공룡이었습니다.

콤프소그나투스 COMPSOGNATHUS

이름 뜻 귀여운 턱
살던 시기 1억 5500만 년~1억 4500만 년 전 (쥐라기)
몸길이 70센티미터~140센티미터
키 30센티미터
발견 장소 유럽(독일, 프랑스)
식성 육식(곤충, 도마뱀, 물고기, 개구리, 달팽이, 새끼 익룡)
몸무게 3킬로그램

콤프소그나투스는 몸집이 아주 작은 공룡이였습니다. 닭보다도 작았지요. 하지만 사납고 민첩한 포식자였답니다.

이 조그만 공룡은 발끝으로 매우 빠르게 달렸고, 몸의 균형을 잡기 위해 기다란 꼬리를 살짝 든 채로 다녔습니다. 먹잇감을 쫓다가 갑자기 방향을 바꿀 때에도 꼬리를 사용했지요.

콤프소그나투스는 절대 호락호락한 공룡이 아니었어요. 세 개의 발톱이 달린 앞발과 날카로운 이빨로 먹잇감을 꽉 붙들고 마구 물어뜯었습니다. 길고 유연한 목을 사방으로 뻗어서 먹잇감을 손쉽게 낚아챌 수도 있었답니다.

작은 공룡들은 종종 무리 지어 다니면서 서로를 보호하거나 큰 먹잇감을 쓰러뜨렸습니다. 콤프소그나투스도 무리 사냥을 했냐고요? 글쎄요, 그 증거가 될 만한 화석은 아직까지 발견되지 않았답니다. 콤프소그나투스는 가까운 친척 공룡들처럼 온몸이 비늘과 짧은 깃털로 뒤덮여 있었을 겁니다.

콤프소그나투스는 몸집은 작지만 시력이 좋고 몸놀림이 재빠른 사냥꾼이었습니다.

작은 사냥꾼 상을 수상한 콤프소그나투스의 놀라운 정보

콤프소그나투스의 머리는 사람의 손바닥 크기만 했습니다.

콤프소그나투스는 꼬리가 몸길이의 거의 절반을 차지합니다. 근육질의 긴 다리는 재빨리 먹이를 쫓을 때 유용했습니다.

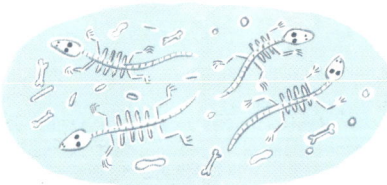

콤프소그나투스 화석의 위장 부위에서 작은 도마뱀의 뼈가 발견되었답니다. 죽기 전에 무엇을 먹었는지 알 수 있었지요.

헤레라사우루스, 에오랍토르, 판파기아는 지구상에서 처음으로 뛰어다녔던 공룡으로, 콤프소그나투스랑 비슷했지요. 모두 작고 민첩한 사냥꾼들이었답니다. 하지만 그들은 콤프소그나투스보다 약 8000만 년 전에 살았습니다.

콤프소그나투스의 몸 일부에는 깃털이 돋아 있었을 겁니다. 이 깃털은 체온을 따뜻하게 유지시켜 주었지만, 비행에는 별 도움이 되지 않았습니다.

콤프소그나투스의 뼈는 오늘날의 새들처럼 속이 비어 있었습니다. 뼈가 매우 가벼워서 빨리 달릴 수 있었지요. 최대 시속 64킬로미터로 달렸을 거예요.

콤프소그나투스는 물고기를 잡아먹거나 습지에서 사는 어린 익룡(하늘을 나는 파충류)을 잡아먹었을 겁니다.

카르카로돈토사우루스 CARCHARODONTOSAURUS

이름 뜻 상어 이빨 도마뱀
살던 시기 1억 년~9400만 년 전 (백악기)
몸길이 8미터~14미터   **키** 4미터
발견 장소 북아프리카
식성 육식(초식 공룡)
몸무게 5톤~7톤

이 공룡은 머리가 엄청나게 컸습니다. 머리뼈의 길이가 약 1.6미터로 욕조의 길이와 거의 맞먹습니다!

길고 강한 뒷다리로 움직이는 이 거대한 육식 공룡은 티 렉스와 아주 닮았어요. 하지만 카르카로돈토사우루스는 티 렉스보다 더 이른 시기에 살았고, 서식지도 서로 달랐지요. 카르카로돈토사우루스의 경쟁 상대는 북아프리카의 늪과 숲을 돌아다니던 스피노사우루스 같은 포식자들이었습니다. 카르카로돈토사우루스는 덩치가 스피노사우루스만큼 컸습니다. 스피노사우루스의 먹이를 훔치거나 먹다 남긴 것을 먹었을 수도 있습니다.

카르카로돈토사우루스라는 이름은 톱니 모양의 이빨 때문에 붙여진 것입니다. 얼핏 백상아리의 이빨처럼 보이지만 그보다 훨씬 컸습니다. 이 날카로운 이빨로 거대한 초식 공룡의 거친 피부를 쉽게 뚫을 수 있었답니다.

이 선사 시대 사냥꾼은 감각이 예리했습니다. 특히 후각이 발달해서 썩어 가는 죽은 동물의 냄새를 멀리서도 맡을 수 있었지요.

커다란 머리 상

카르카로돈토사우루스는 아프리카에서 가장 크고 무서운 포식자 중 하나로 손꼽히지요.

커다란 머리 상을 수상한 카르카로돈토사우루스의 놀라운 정보

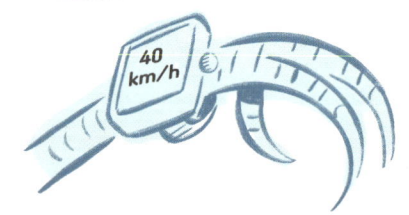

카르카로돈토사우루스는 티 렉스처럼 시속 40킬로미터로 달릴 수 있었을 겁니다.

이 공룡의 머리는 거의 1인용 침대만 했습니다!

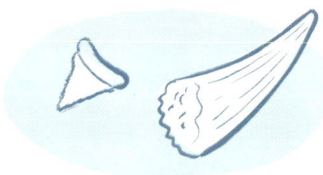

카르카로돈토사우루스의 이빨 길이는 약 20센티미터입니다. 백상아리의 가장 큰 이빨은 약 5센티미터랍니다.

카르카로돈토사우루스는 튼튼한 뒷다리와 날카로운 발톱으로
먹잇감을 걷어차고 물어뜯었을 겁니다. 앞발의 커다란 발톱은
먹잇감을 움켜잡는 데 유용했습니다.

이 공룡의 첫 번째 화석은 독일 뮌헨의 한 박물관에 있었으나,
제2차 세계 대전 중 박물관이 폭격을 당하면서 파괴되었습니다.

남아메리카의 기가노토사우루스는 카르카로돈토사우루스의
가까운 친척입니다. 기가노토사우루스의 머리뼈가 더 컸지만,
다른 상을 수상하기 위해(31쪽) 상을 양보했습니다.

카르카로돈토사우루스는 시력이 발달하여
사냥감을 잘 찾아냈을 겁니다.

트리케라톱스 TRICERATOPS

이름 뜻 세 개의 뿔이 달린 얼굴
살던 시기 6800만 년~6600만 년 전 (백악기)
몸길이 9미터　　**키** 3미터
발견 장소 북아메리카
식성 초식(침엽수, 양치류, 소철류)
몸무게 4톤~9톤

트리케라톱스는 뿔 달린 공룡 중에서 가장 크고 유명합니다. 긴 뿔이 눈 위에 둘, 작은 뿔이 코에 하나 솟아 있었지요. 세 뿔은 모두 사람의 머리카락과 손톱을 이루는 물질과 같은 케라틴으로 덮여 있었습니다.

트리케라톱스의 뿔은 2미터가 넘는 거대한 머리뼈에서 자라났습니다. 머리뼈의 뒤쪽에는 뼈로 된 짧고 단단한 목장식이 붙어 있었습니다. 이것은 얇은 피부로 덮여 있었고, 테두리에는 뾰족한 가시가 둘러져 있었습니다. 아마도 이 멋진 방패는 적과 싸울 때 목을 보호하거나, 짝을 찾는 신호를 보내거나, 위험을 경고하거나, 혹은 서로를 알아보고 싸울 수 있도록 색깔을 바꾸기도 했을 겁니다. 체온 조절에 도움이 됐을 수도 있습니다.

트리케라톱스는 공룡이 멸종되기 직전인 약 6700만 년 전 북아메리카의 습지와 숲을 누비고 다녔습니다. 그리고 앵무새 부리 같은 날카로운 입으로 식물을 뜯어 먹었지요. 이 힘센 공룡은 거대한 근육질 몸에 강한 턱을 가졌습니다. 턱 안쪽에는 이빨이 최대 800개나 줄지어 나 있었습니다. 이빨이 닳으면 새 이빨이 돋아났습니다.

트리케라톱스는 들소보다 최소 다섯 배나 더 무거웠습니다. 들소는 오늘날 북아메리카에서 가장 무거운 육상 동물이랍니다.

유티라누스 *YUTYRANNUS*

이름 뜻 깃털 달린 폭군
살던 시기 1억 3000만 년~1억 2500만 년 전 (백악기)
몸길이 9미터~10미터
발견 장소 아시아 (중국)
식성 육식 (살아 있거나 죽은 공룡)
키 3미터
몸무게 1톤~2톤

유티라누스는 뼈 화석에 깃털의 흔적이 남아 있는 공룡 중에서 몸집이 가장 큰 공룡입니다. 이름은 깃털을 뜻하는 한자 '우(羽)'에서 따온 것이랍니다.

유티라누스는 부드러운 솜털 같은 깃털 외투를 걸쳤습니다. 아마도 머리끝부터 발끝까지 깃털로 뒤덮여 있었겠지요. 이 깃털은 타조와 같이 날지 못하는 새들의 깃털처럼 생겼을 겁니다. 유티라누스는 몸집이 너무 크고 무거워 날지는 못했습니다. 깃털은 체온을 따뜻하게 유지하거나 알을 품을 때 유용하게 쓰였을 거예요. 눈속임하는 데 쓰였을 수도 있습니다.

유티라누스는 무시무시한 육식 공룡이었습니다. 커다란 주둥이 속에는 바나나 크기에 날카로운 이빨이 56개나 있었답니다. 머리뼈의 길이도 거의 1미터에 이르렀습니다!

과학자들은 유티라누스가 먹이를 어떻게 사냥했는지 아직 알아내지 못했습니다. 티 렉스보다 뒷다리는 짧았지만 두 다리로 뛸 수 있었고, 아마도 아주 빨리 뛰지는 못했을 겁니다.

유티라누스는 지금껏 지구상에 등장했던 깃털 달린 짐승 중에 가장 몸집이 컸습니다.

복슬복슬한 사냥꾼 상을 수상한 유티라누스의 놀라운 정보

유티라누스는 공룡의 제왕인 티 렉스의 먼 조상이었지만, 키는 티 렉스보다 훨씬 작았습니다. 티 렉스의 가슴 높이 정도였지요.

티 렉스가 유티라누스보다 여섯 배 정도 더 무겁습니다!

유티라누스는 티 렉스보다 긴 앞발과 발톱을 갖고 있었습니다. 먹이를 잡을 때 아주 유용했을 거예요.

유티라누스의 코에 솟아 있는 볏은 아마도 짝을 유혹하거나, 친구와 친척을 구분하는 데 쓰였을 거예요.

서늘한 기후의 그늘진 숲속에서 살았던 유티라누스는 깃털 코트로 겨울을 따뜻하게 보냈을 겁니다.

깃털은 길이가 약 15센티미터~20센티미터였고, 마치 병아리의 솜털 같았습니다.

유티라누스는 큰 앞발로 먹잇감을 짓누른 뒤 톱니 모양 이빨로 물어뜯었을 겁니다.

오싹한 육식 공룡 상

여기를 봐 주세요! 지금 막 수상자들이 발표됐습니다!
이들은 공룡 시대를 주름잡았던 끔찍한 포식자였습니다.
오늘날까지도 여전히 우리를 소름 돋게 합니다.

우타랍토르 UTAHRAPTOR
커다란 발톱 상

몸길이 5미터~7미터 **살던 시기** 1억 1200만 년~1억 년 전 (백악기)
몸무게 1톤 **발견 장소** 북아메리카

우타랍토르는 뒷발의 두 번째 발가락에 거대한 갈고리발톱이 달린 위험한 육식 공룡이랍니다. 몸무게는 북극곰만큼이나 무거웠습니다. 길고 날카로운 발톱으로 먹잇감을 공격하고 할퀴었을 겁니다. 발톱의 길이는 무려 23센티미터에서 38센티미터나 되었습니다.

코일로피시스 COELOPHYSIS
뭉쳐야 산다 상

몸길이 2미터~3미터 **살던 시기** 2억 2500만 년~1억 9000만 년 전 (트라이아스기)
몸무게 18킬로그램~27킬로그램 **발견 장소** 남아프리카, 북아메리카, 아시아(중국)

코일로피시스는 푸짐한 만찬을 위해 무리를 지어서 자신보다 더 큰 공룡을 사냥했습니다. 또한 긴 다리로 곤충과 도마뱀 같은 먹잇감을 민첩하게 뒤쫓았습니다. 최대 시속 32킬로미터로 달릴 수 있었지요. 이 공룡은 몸의 균형을 맞추기 위해 기다란 꼬리를 땅에서 띄운 채로 다녔습니다. 몸집은 작았으나 만만한 상대가 아니었습니다. 크고 날카로운 이빨과 발톱을 가진 사나운 공룡이었답니다.

마준가사우루스 MAJUNGASAURUS
잔혹한 육식 공룡 상

몸길이 6미터 **살던 시기** 8400만 년~7100만 년 전 (백악기)
몸무게 1.8톤 **발견 장소** 아프리카(마다가스카르)

이 다부진 공룡은 살아 있을 당시 최강의 육식 공룡이었습니다. 아프리카의 마다가스카르섬에서 살았던 마준가사우루스는 동족을 잡아먹을 만큼 잔혹했습니다. 마준가사우루스의 뼈 화석에 새겨진 이빨 자국이 그 증거였지요. 하지만 이 공룡이 살아 있을 때 잡아먹힌 것인지는 아직 밝혀지지 않았답니다.

기가노토사우루스 GIGANOTOSAURUS
공룡 사냥꾼 상

몸길이 12미터~13미터 **살던 시기** 9900만 년~9700만 년 전 (백악기)
몸무게 7톤~13톤 **발견 장소** 남아메리카(아르헨티나)

가장 무시무시한 공룡으로 손꼽히는 기가노토사우루스는 티렉스보다 더 크고 재빨랐습니다. 기가노토사우루스의 입속은 80개 정도의 날카로운 이빨로 가득 차 있었는데, 이빨 하나의 길이가 어른 손보다도 길었답니다! 겁을 주려고 하는 얘기는 아니지만, 기가노토사우루스는 아마도 자신보다 더 큰 초식 공룡을 사냥했을 겁니다.

아르카이옵테릭스 ARCHAEOPTERYX

이름 뜻 오래된 날개
살던 시기 1억 5000만 년~1억 4700만 년 전 (쥐라기)
몸길이 46센티미터~60센티미터
키 20센티미터
발견 장소 유럽(독일)
식성 육식(물고기, 해안에서 사는 동물)
몸무게 0.8킬로그램~1킬로그램

과학자들은 아르카이옵테릭스를 몸집이 비둘기만 한, 새와 비슷한 공룡이라고 생각합니다. 하지만 잘 날지는 못했습니다. 아마도 조금 흔들거리면서 짧게 날았을 거예요.

아르카이옵테릭스의 앞다리는 잘 발달된 비행용 깃털로 덮여 있었습니다. 오늘날의 비둘기처럼 말이에요. 하지만 부리 대신 뾰족한 입에 날카로운 이빨이 있었고, 작은 벨로키랍토르 같은 골격에 날카로운 발톱이 있었습니다. 길이가 50센티미터쯤 되는 뻣뻣한 꼬리도 있었지요.

아르카이옵테릭스에게는 세 가지 재주가 있었습니다. 일단 짧게 날 수 있었어요. 꼬리로 균형을 잡으며 달릴 수도 있었습니다. 수영도 할 수 있었지요. 따뜻하고 얕은 바다 주변의 섬에서 살았기 때문에 이런 재주가 유용했을 겁니다.

바다와 섬을 오가며 물고기, 갑각류, 곤충, 애벌레를 잡아먹고 살았을 겁니다. 50개 정도의 작고 뾰족한 이빨 덕분에 작은 먹잇감을 손쉽게 낚아챌 수 있었습니다. 더 큰 먹잇감을 잡을 때에는 날카로운 갈고리발톱을 사용했을 수도 있습니다.

아르카이옵테릭스는 날개를 퍼덕이며 짧은 거리를 날았을 거예요. 오늘날의 닭처럼 말이에요!

아르카이옵테릭스는 가슴 부위에 V자 모양의 '차골'이 있었어요.
그 덕분에 가슴에 힘이 들어가서 하늘을 날 수 있었지요.
차골은 새의 날개와 가슴을 이어 주는 가슴뼈예요.

쥐라기의 하늘을 지배한 것은 아르카이옵테릭스가 아닌 익룡이었답니다.
익룡의 날개는 매끈한 피부로 덮여 있었지만, 머리와 몸통과 다리에는
짧고 푹신한 깃털이 달려 있었습니다.

아르카이옵테릭스는 뒷발의 두 번째 발톱을 세우고
다녔습니다. 발톱 끝이 늘 날카로워야 먹이를 손쉽게
잡을 수 있을 테니까요.

힙실로포돈 HYPSILOPHODON

이름 뜻 높게 솟은 이빨
살던 시기 1억 2500만 년~1억 2000만 년 전 (백악기)
몸길이 2.3미터
키 90센티미터
발견 장소 북아메리카, 유럽
식성 초식(침엽수, 양치류)
몸무게 20킬로그램~50킬로그램

힙실로포돈은 긴 뒷다리를 이용해 아주 빨리 달렸습니다. 이 탈출 전문가는 포식자들을 피해 달아나면서도 몸을 비틀고 돌리고 숙이는 등 자유자재로 움직일 수 있었지요.

힙실로포돈의 머리는 사람의 손보다도 작았습니다. 턱 안에는 날카로운 이빨이 줄지어 나 있었는데, 닳으면 새 이빨이 돋아났습니다. 힙실로포돈은 뾰족한 부리와 앞니 모두를 갖춘 희귀한 공룡이었습니다. 주둥이가 부리 모양인 대부분의 공룡들은 앞니가 없었거든요. 힙실로포돈은 햄스터처럼 먹이를 저장할 수 있는 근육질의 뺨주머니도 갖고 있었습니다. 위험한 순간에는 먹이를 안전한 곳으로 옮길 수도 있었습니다.

어떤 과학자들은 힙실로포돈이 잡식성이라 곤충과 작은 파충류도 잡아먹었을 거라고도 합니다. 먹이를 먹을 때 몸의 균형을 잃지 않기 위해 짧은 앞다리를 사용했을 겁니다. 앞발에는 발가락 다섯 개, 뒷발에는 발가락 네 개가 있었습니다. 다른 친척 공룡들보다 앞발과 뒷발에 각각 발가락이 하나씩 더 많답니다.

힙실로포돈은 오늘날의 얼룩말이나 사슴처럼 무리를 지어 살았습니다. 포식자가 공격해 오면 긴 다리로 잽싸게 도망치지요.

탈출 전문가 상을 수상한 힙실로포돈의 놀라운 정보

힙실로포돈는 커다란 개만큼 무거웠습니다.

힙실로포돈은 오늘날의 타조처럼 빠르게 뛸 수 있었을 거예요. 길고 유연한 다리 덕분이었지요.

힙실로포돈는 입 안쪽에 있는 어금니를 엇갈리게 갈아서 질긴 식물도 거뜬히 먹을 수 있었습니다.

힙실로포돈의 갈비뼈 사이에는 물렁뼈로 된 판이 있었어요.
이 판은 힙실로포돈이 빨리 달릴 때 갈비뼈 사이를 벌려 주었습니다.
덕분에 폐가 확장되어 산소를 충분히 들이마실 수 있었답니다.

힙실로포돈은 눈이 커서 위험한 낌새를 금방 알아차릴 수 있었습니다.

눈꺼풀 뼈

길쭉한 눈꺼풀 뼈가 있어서 마치 모자 두 개를 눌러쓴 것처럼
눈을 보호할 수 있었습니다.

힙실로포돈은 뛰어다닐 때 척추를 땅과 수평이 되도록 유지했을 겁니다.
기다란 꼬리는 균형을 잃고 넘어지지 않기 위해 빳빳하게 들어 올렸습니다.

에우오플로케팔루스 EUOPLOCEPHALUS

이름 뜻 잘 무장한 머리
살던 시기 7600만 년~7000만 년 전 (백악기)
몸길이 6미터~7미터   **키** 2미터
발견 장소 북아메리카
식성 초식 (양치류, 속새류)
몸무게 1.8톤

에우오플로케팔루스는 꽤 무거운 공룡이었습니다. 피부를 감싼 갑옷과 곤봉처럼 생긴 묵직한 꼬리 때문이었지요.

에우오플로케팔루스는 평소에 뭉툭한 네 발로 천천히 걸어 다녔습니다. 화가 나면 돌진하기도 했지만 여러분보다 빠르지는 않았을 겁니다. 식물의 잎사귀를 뜯을 수 있는 넓적한 부리, 먹이를 저장할 수 있는 뺨주머니, 그리고 식물을 죽처럼 으깰 수 있는 작고 뾰족한 어금니가 있었습니다.

에우오플로케팔루스는 무리를 짓지 않고 홀로 지냈을 겁니다. 머리, 목, 등, 그리고 옆구리에 있는 뼈 판과 가시가 포식자의 공격으로부터 보호해 주었지요. 그런데 배 부위는 부드럽고 연약했습니다. 혹여나 몸이 뒤집어지기라도 하면 큰일이었지요.

다행히 에우오플로케팔루스에게는 치명적인 무기가 있었습니다. 두툼한 뼈로 이루어진 꼬리 곤봉이지요. 이것을 휘둘러 천적의 이빨이나 다리뼈를 바스러뜨렸을 거예요.

에우오플로케팔루스는 피부가 딱딱한 뼈 판으로 뒤덮인 '갑옷 공룡'이었습니다. 안킬로사우루스의 가까운 친척이었답니다.

곤봉 휘두르기의 여왕 상을 수상한 에우오플로케팔루스의 놀라운 정보

에우오플로케팔루스는 포식자로부터 위협을 받으면 꼬리 곤봉을 망치처럼 휘둘렀답니다!

에우오플로케팔루스의 콧속은 마치 빙글빙글 꼬인 빨대 같았습니다! 이런 모양이 냄새를 잘 맡게 해 주었는지도 모릅니다.

에우오플로케팔루스의 널찍한 등판에는 딱딱한 뼈 판과 뾰족한 가시가 있어서 포식자가 잘 물어뜯지 못했을 겁니다.

에우오플로케팔루스는 뼈로 된 눈꺼풀로 소중한 눈을 보호했답니다.

에우오플로케팔루스의 뇌는 찻잔에 쏙 들어갈 만큼 작았습니다. 똑똑한 공룡하고는 거리가 멀었답니다!

에우오플로케팔루스는 꼬리 곤봉을 휘둘러 천적의 옆구리를 공격했을 겁니다.

질긴 식물을 소화하느라 어마어마한 양의 가스가 뿜어져 나왔을 거예요. 아이 방귀 냄새!

마이아사우라 MAIASAURA

이름 뜻 좋은 엄마 도마뱀
살던 시기 8000만 년~7500만 년 전 (백악기)
몸길이 9미터 **키** 2미터~2.5미터
발견 장소 북아메리카
식성 초식(나뭇잎, 열매)
몸무게 2톤~3.6톤

마이아사우라는 새끼를 정성껏 보살폈던 공룡으로, 최고의 엄마 상을 받을 자격이 충분합니다! 알과 둥지, 새끼 공룡과 함께 있는 화석이 발견된 첫 공룡입니다.

마이아사우라는 큰 무리를 이루고 둥지를 만들며 살았습니다. 적이 나타나면 바로 서로에게 경고해 주어서 둥지와 새끼를 보호할 수 있었습니다. 또한 오늘날의 펭귄들처럼 해마다 같은 장소('알 산'이라고 합니다.)로 돌아갔습니다.

엄마 마이아사우라는 엄청 바빴답니다! 해마다 30개~40개의 알을 낳았거든요. 알껍데기는 오늘날 새의 알처럼 단단하고 깨지기 쉬웠습니다. 알의 크기는 자몽만 했습니다.

아기 마이아사우라는 약 30센티미터의 작은 크기로 부화했지만 빨리 컸습니다. 태어난 첫해에 1미터 정도까지 자랐거든요. 아기 공룡들은 다 자랄 때까지 무리의 정성 어린 보살핌을 받았어요. 오리주둥이공룡들과 마찬가지로 마이아사우라는 10년 정도 살았을 거예요.

마이아사우라는 수천 마리가 무리를 이루어 살았으며, 계절이 바뀌면 먹이가 충분한 곳을 찾아서 기나긴 여행을 떠났을 겁니다.

최고의 엄마 상을 수상한 마이아사우라의 놀라운 정보

마이아사우라는 우주에 간 최초의 공룡이었습니다! 1985년, 우주 비행사들은 마이아사우라의 알껍데기와 뼛조각을 우주로 가져갔답니다.

마이아사우라는 커다란 수컷 하마만큼이나 무거웠습니다.

마이아사우라의 똥 화석에서 질긴 식물의 찌꺼기가 발견되었어요! 덕분에 마이아사우라의 식성을 알게 되었지요.

마이아사우라는 진흙으로 화산 모양의 둥지를 만든 뒤에 알을 층층이 쌓았습니다. 그 위에 썩어 가는 식물을 덮고 열을 발생시켜서 알의 부화를 도왔습니다.

마이아사우라는 앞다리가 뒷다리보다 짧았습니다. 평소엔 네 발로 걸었지만, 적을 살피거나 짝을 찾을 땐 튼튼한 뒷다리로 섰을 겁니다.

마이아사우라는 뒷다리로 뛸 때 짧고 두툼한 꼬리를 이용해 균형을 맞추었고, 시속 40킬로미터로 뛸 수 있었답니다.

머리는 오늘날의 말과 비슷했습니다. 눈 위에는 뼈로 된 볏이 있었는데, 짝에게 뽐내거나 경쟁자와 박치기를 할 때 썼을 거예요.

데이노니쿠스 DEINONYCHUS

이름 뜻 무서운 발톱
살던 시기 1억 2000만 년~1억 1000만 년 전 (백악기)
몸길이 3미터
키 1.5미터
발견 장소 북아메리카
식성 육식(초식 공룡)
몸무게 최대 75킬로그램

데이노니쿠스는 재주 많은 사냥꾼이었습니다. 동급의 다른 공룡들보다 뇌가 훨씬 컸고, 시각과 후각이 발달했지요.

데이노니쿠스는 오늘날의 늑대처럼 무리 사냥을 했을 수도 있습니다. 여럿이 함께 다니면서 먹잇감을 발견하면 서로 의논을 하고 계획적으로 공격하여 테논토사우루스(오리주둥이공룡의 한 종류)같이 자신보다 훨씬 큰 초식 공룡을 쓰러뜨릴 수 있었습니다. 그만큼 똑똑하고 날렵했습니다.

데이노니쿠스는 무시무시한 발톱 무기도 갖고 있었습니다. 각 뒷발의 두 번째 발가락에 달린 구부러진 발톱으로, 그 길이가 최대 12센티미터나 됐습니다. 튼튼한 뒷다리로 걷거나 달릴 때면, 이 발톱이 땅에 닿지 않도록 조심했습니다. 그 덕분에 항상 날카로운 발톱을 유지할 수 있었습니다. 먹이의 부드러운 살을 찢거나 포식자와 싸울 때를 대비한 것이었지요. 또한 길고 뻣뻣한 꼬리는 몸의 균형을 잡을 때나, 먹잇감을 쫓다가 갑자기 몸의 방향을 틀 때 쓰였습니다. 데이노니쿠스는 한마디로 말해서, 절대로 만나서는 안 될 공룡이었습니다!

영리한 사냥꾼 상

공룡 시대 때 포식자를 위한 사냥 학교가 있었다면, 똑똑하고 날렵한 데이노니쿠스가 항상 일등을 차지했을 겁니다!

영리한 사냥꾼 상을 수상한 데이노니쿠스의 놀라운 정보

데이노니쿠스는 소형 자동차만큼 길었습니다.

입속에는 60개가 넘는 뾰족한 이빨이 나 있었습니다.

데이노니쿠스는 벨로키랍토르의 가까운 친척이었지만 몸집은 그보다 두 배쯤 더 컸습니다.

데이노니쿠스 무리가 힘을 모아 거대한 초식 공룡을 쓰러뜨렸습니다. 눈이 커서 먹잇감을 찾을 때 유리했을 겁니다.

데이노니쿠스는 사냥을 할 때 뒷발의 커다란 발톱을 사용했습니다. 이 발톱은 180도로 재빠르게 휘돌아서 최소 1미터 깊이의 치명적인 상처를 낼 수 있었답니다.

지금까지 데이노니쿠스의 뼈 화석에서 깃털의 흔적은 발견되지 않았습니다. 하지만 벨로키랍토르 같은 사촌들의 몸에 깃털이 있었기 때문에 데이노니쿠스도 깃털이 있었을 가능성이 높습니다. 몸을 따뜻하게 유지하거나 뽐내기 위한 용도로 말이지요.

독수리와 매 같은 오늘날의 맹금류는 데이노니쿠스와 닮은 점이 많습니다. 대표적인 것이 날렵함, 큰 두뇌, 그리고 치명적인 발톱이지요.

단단한 방패 상

지금부터 단단한 갑옷과 방패로 무장한 공룡들을 소개합니다. 이 공룡들에게 상을 줄 수 있어서 얼마나 기쁜지 모릅니다. 가장 훌륭한 갑옷을 입은 공룡은 과연 누구일까요?

안킬로사우루스 ANKYLOSAURUS
갑옷 전차 상

몸길이 최대 10미터　**살던 시기** 7400만 년~6700만 년 전 (백악기)
몸무게 4톤　**발견 장소** 북아메리카

온몸의 대부분이 뼈 판으로 뒤덮인 안킬로사우루스는 마치 움직이는 전차 같았습니다. 물려도 끄떡없는 악어 같기도 하고요. 안킬로사우루스는 포식자들을 별로 두려워하지 않았답니다. 머리뼈가 아주 단단해서 뇌를 다칠 염려가 거의 없었고, 뿔과 뼈 판이 상처 입기 쉬운 눈도 보호해 주었으니까요.

피나코사우루스 PINACOSAURUS
사슬갑옷 상

몸길이 5미터　**살던 시기** 8000만 년~7500만 년 전 (백악기)
몸무게 최대 2톤　**발견 장소** 아시아(몽골, 중국)

피나코사우루스의 피부는 뼈 덩어리들이 박혀 있어서 옛날 기사들이 전쟁에 나갈 때 입었던 사슬갑옷 같았습니다. 또한 목에는 뼈로 된 보호대가 있어서 포식자의 날카로운 이빨이나 발톱을 막아 주었습니다.

사우로펠타 SAUROPELTA
어깨 가시 상

몸길이 5미터　**살던 시기** 1억 2100만 년~9400만 년 전 (백악기)
몸무게 1.8톤　**발견 장소** 북아메리카

목은 공룡의 몸에서 가장 취약한 부분 중 하나입니다. 사우로펠타의 목 양쪽에는 날카로운 가시들이 두 줄로 있었습니다. 이 가시들은 몸집을 커 보이게 하고, 적을 위협하여 쫓아 버리는 데 효과적이었을 겁니다. 사우로펠타는 느릿느릿 움직이는 데다 무기가 될 만한 꼬리 곤봉도 없었기 때문에 가시들이 중요한 방어 수단이었답니다.

가스토니아 GASTONIA
멋쟁이 갑옷 상

몸길이 4.6미터　**살던 시기** 1억 4200만 년~1억 2700만 년 전 (백악기)
몸무게 1톤　**발견 장소** 북아메리카

가스토니아의 등과 옆구리에는 가시가 너무 많아서 포식자가 매달리기가 어려웠을 겁니다. 가스토니아는 가시뿐만 아니라 엉덩이를 덮는 단단한 갑옷도 갖고 있었습니다. 다른 갑옷 공룡들과 마찬가지로 가스토니아의 유일한 약점은 부드러운 배였습니다. 육식 공룡의 공격에서 살아남으려면 절대로 배를 보여선 안 된답니다.

수코미무스 SUCHOMIMUS

이름 뜻 악어 따라쟁이
살던 시기 1억 2100만 년~1억 1200만 년 전 (백악기)
몸길이 11미터~12미터 **키** 3미터~4미터
발견 장소 북아프리카
식성 육식(물고기, 물에 사는 파충류, 다른 공룡)
몸무게 2톤~5톤

수코미무스는 좁고 기다란 주둥이에 이빨이 빼곡하게 둘러서 나 있어서 마치 가면무도회에 가려고 악어로 분장한 공룡처럼 보였습니다.

수코미무스의 길쭉한 입안에는 원뿔 모양의 이빨 100여 개가 줄지어 나 있었습니다. 구부러진 이빨들은 미끌미끌한 물고기를 잡는 데 알맞았습니다. 앞발의 첫 번째 발가락에 달린 거대한 발톱은 아마도 물고기나 작은 공룡을 찌르고 베는 용도로 쓰였을 겁니다. 수코미무스는 거대한 원시 악어 사르코수쿠스와 같은 지역에서 살았고, 서로 먹이다툼을 했을 것으로 보입니다. 주변의 죽은 동물로 손쉽게 식사를 해결했을 수도 있습니다.

이 사나운 공룡은 오늘날 사하라 사막 지역에 해당하는 아프리카 일대 해안 주변의 강과 호수를 돌아다니며 살았습니다. 놀랍게도 이 지역은 공룡 시대 때 강이 흐르고 초록색 식물들로 뒤덮인 기름진 땅이었답니다! 수코미무스의 척추는 아주 길고 강했습니다. 척추 위에는 영양분을 저장하는 혹이 있었을 수도 있습니다. 또는 피부로 덮인 돛이 있었을 수도 있는데, 이 돛은 체온을 조절하는 역할을 했을 것입니다.

수코미무스는 사촌인 스피노사우루스보다는 훨씬 작았지만, 절대로 작은 덩치가 아니었답니다.

파키리노사우루스 PACHYRHINOSAURUS

이름 뜻 두꺼운 코 도마뱀
살던 시기 7600만 년~7400만 년 전 (백악기)
몸길이 6미터~7미터 **키** 3미터
발견 장소 북아메리카
식성 초식 (소철류, 종려나무)
몸무게 2톤~3톤

파키리노사우루스는 수비에 강한 격투기 선수였습니다. 머리에는 '보스'라고 부르는 큰 뼈 돌기뿐 아니라 뿔과 가시도 달려 있어서 웬만한 충격에는 끄떡없었지요.

파키리노사우루스의 코는 권투 장갑 모양으로 튀어나와 있었습니다. 코에 있는 돌기는 구멍이 송송 난 두꺼운 뼈 덩어리로 이루어졌습니다. 또한 두 눈 위에도 작은 혹과 돌기들이 솟아 있었습니다. 이 뼈로 된 보스는 경쟁자와 몸싸움을 할 때 받는 충격을 줄여 주었습니다. 뼈로 된 짧은 목장식은 포식자로부터 목을 보호해 주었을 겁니다. 체온 조절 역할을 했을 수도 있습니다. 목장식에는 멋진 뿔과 가시가 달려 있어서 달려드는 포식자에게 상처를 입힐 수도 있었습니다.

파키리노사우루스는 무리를 지어 다녔기 때문에 육식 공룡들이 공격하기 쉽지 않았을 겁니다. 때때로 무리의 수가 수백 또는 수천 마리나 되었을 것이며, 매년 이동을 했을 겁니다. 놀랍게도 파키리노사우루스는 오늘날의 개보다도 빨리 달릴 수 있었답니다. 이 또한 자신을 지키는 훌륭한 방법이었지요.

파키리노사우루스는 최고의 박치기 왕이었습니다. 두꺼운 뿔과 단단한 머리뼈가 뇌를 보호해 주었답니다.

박치기 선수 상을 수상한 파키리노사우루스의 놀라운 정보

파키리노사우루스의 몸길이는 오늘날 파충류 중에서 가장 큰 바다악어와 비슷했습니다.

초식 동물인 파키리노사우루스는 앵무새 같은 부리로 잎사귀와 새싹을 뜯어 먹었습니다. 앞니는 없었지만 부리가 오돌토돌했답니다.

파키리노사우루스는 부리 안쪽에 있는 날카로운 어금니로 먹이를 씹어 먹었습니다.

수컷 파키리노사우루스는 경쟁자들과 결투를 할 때 강한 머리로 박치기를 하거나, 옆구리를 들이박아서 상대를 쓰러뜨리곤 했습니다.

박치기 대회의 우승자는 무리의 우두머리가 됐고, 암컷과 짝짓기를 할 수 있었을 거예요.

파키리노사우루스는 트리케라톱스의 친척이었습니다. 하지만 코에는 뿔 대신에 두꺼운 돌기가 있었지요.

사우로포세이돈 SAUROPOSEIDON

이름 뜻 도마뱀 포세이돈
살던 시기 1억 1000만 년 전 (백악기)
몸길이 30미터~34미터 **키** 18미터~20미터
발견 장소 북아메리카
식성 초식(송백류, 종려나무, 단풍나무, 목련)
몸무게 54톤~73톤

그리스 신화에 나오는 지진을 일으키는 바다의 신 포세이돈의 이름을 따온 강력한 사우로포세이돈은 천둥 같은 걸음으로 땅을 뒤흔들었을 겁니다.

사우로포세이돈은 빠르게 자라는 초식 공룡이었습니다. 거대한 몸을 유지하려면 식물을 아주 많이 먹어야 했지요. 다행히 높은 나무 꼭대기에 있는 잎사귀도 척척 뜯어 먹을 만큼 목이 길었습니다. 힘을 아끼기 위해서 우뚝 선 채 긴 목으로 나무 사이를 헤집어 가며 끊임없이 잎사귀를 먹었습니다.

사우로포세이돈은 목을 17미터 이상의 높이까지 들어 올릴 수 있었는데, 머리까지 피와 산소를 잘 보낼 수 있도록 목 안쪽 근육이 아주 튼튼했고, 목을 지탱하기 위한 공기주머니가 있었답니다.

큰 키는 멀리서 다가오는 위험을 알아차리는 데에도 유용했을 겁니다. 다 자란 사우로포세이돈은 몸집이 너무 커서 적의 공격을 덜 받았을 겁니다. 자신이 쫓던 먹잇감에게 밟혀 찌그러지고 싶은 육식 공룡은 거의 없었을 테니까요.

천둥 발걸음 상

이 초대형 공룡은 6층 건물의 맨 꼭대기 창문 안을 들여다볼 수 있을 만큼 키가 컸습니다.

천둥 발걸음 상을 수상한 사우로포세이돈의 놀라운 정보

사우로포세이돈의 목은 약 12미터로 기린 두 마리를 합친 것보다 길었습니다.

기다란 목 안쪽에는 13개 정도의 목뼈가 있었을 겁니다. (기린은 목뼈가 7개뿐입니다.)

목뼈 한 개의 길이는 1미터가 넘었습니다. 뼈라기보다는 통나무처럼 보입니다!

사우로포세이돈의 머리는 작고 가벼웠습니다.
그 속의 뇌도 아주 작았답니다!

사우로포세이돈의 기다란 목을 지탱해 준 것은 통나무처럼
두꺼운 네 다리와 거대한 몸통이었습니다.

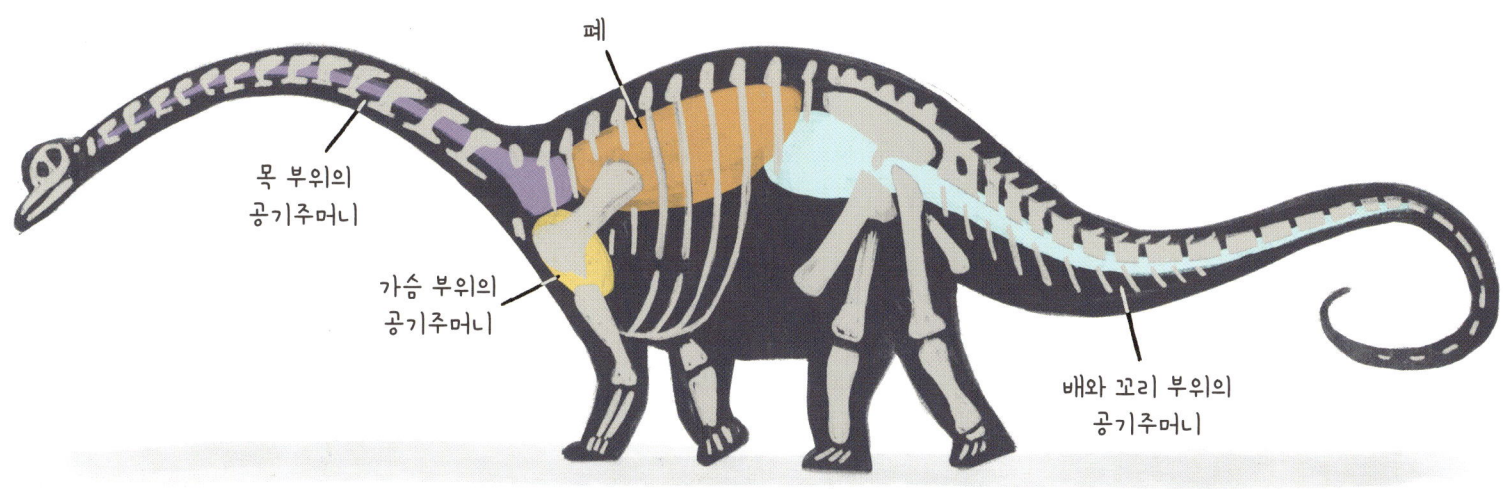

폐

목 부위의
공기주머니

가슴 부위의
공기주머니

배와 꼬리 부위의
공기주머니

사우로포세이돈은 폐가 충분히 컸는데, 오늘날의 새처럼 폐와 연결된 공기주머니까지 여러 개 있었답니다.
그래서 목이나 꼬리가 생각만큼 무겁지 않았을 거예요. 공기주머니들이 무게를 가볍게 해 준 덕분이지요.

파키케팔로사우루스 PACHYCEPHALOSAURUS

이름 뜻 두꺼운 머리 도마뱀
살던 시기 7600만 년~6600만 년 전 (백악기)
몸길이 5미터~8미터   **키** 2미터
발견 장소 북아메리카
식성 잡식(견과류, 나뭇잎, 과일, 곤충)
몸무게 454킬로그램

가장 두꺼운 머리뼈 상

이 공룡은 머리를 보호하기 위해 헬멧을 쓴 걸까요? 최신 유행 모자로 멋을 부린 걸까요? 여러분은 어느 쪽이라고 생각하세요?

'돌머리' 공룡인 파키케팔로사우루스의 가장 두꺼운 머리뼈 부분의 두께는 약 25센티미터였어요. 일반 공룡의 머리뼈보다 최소 스무 배는 더 두꺼웠지요. 일부 화석에서는 이 부위에 상처 입은 흔적이 발견되었는데, 같은 무리의 경쟁자와 박치기를 했던 것으로 보입니다. 두꺼운 '안전 헬멧'은 분명 뇌를 보호해 주었을 거예요. 어쩌면 박치기를 하지 않고 머리로 옆구리를 들이받았을지도 모릅니다. 오늘날 화난 수컷 기린들처럼 말이지요. 머리가 가시와 돌기로 장식돼 있어서 단순히 짝에게 뽐내는 데 쓰였을 거라는 가설도 있답니다.

파키케팔로사우루스는 아마도 무리 지어 살았고, 시력과 후각이 발달해서 포식자가 다가오는 것을 금방 알아차렸을 겁니다. 튼튼한 뒷다리와 뻣뻣한 꼬리 덕에 몸의 균형은 잘 잡았지만 빨리 달리지는 못했답니다.

파키케팔로사우루스는 공룡이 멸종하기 직전까지 북아메리카에서 티 렉스, 트리케라톱스와 함께 살았답니다.

이봐, 머리가 멋진데?

고마워, 머리가 단단해야…….

록 음악에 맞춰 마음껏 머리를 흔들지!

스테고사우루스 *STEGOSAURUS*

이름 뜻 지붕 도마뱀
살던 시기 1억 5500만 년~1억 4500만 년 전 (쥐라기)
몸길이 6미터~9미터 **키** 3미터~4미터
발견 장소 북아메리카, 유럽
식성 초식(양치류, 소철류, 속새류, 침엽수)
몸무게 2톤~3.6톤

스테고사우루스는 역사상 가장 유명한 공룡 중 하나입니다. 목부터 꼬리까지 두 줄로 꼿꼿하게 세워진 잎사귀 모양의 골판은 마치 요새를 이루는 벽 같습니다. 이것은 스테고사우루스의 가장 큰 특징이지요.

이 골판 중에서 가장 큰 것은 폭과 높이가 각각 60센티미터나 됩니다. 여러분이 지금 읽고 있는 이 책 크기의 약 2.5배랍니다! 이 골판들은 스테고사우루스의 뼈대와 연결된 것이 아니라 두꺼운 피부에 붙어 있었습니다. 매우 튼튼해 보이지만 실제로는 다소 얇아서 깨지기 쉬웠답니다. 또 골판 속은 핏줄로 가득했는데, 피를 빨리 흘려 보내서 색깔을 바꿀 수도 있었을 겁니다. 일부 과학자들은 이 골판이 짝을 유혹하거나 경쟁자를 위협할 때 쓰였을 거라고 생각합니다. 몸을 데우거나 식혀 주는 냉난방기 같은 역할을 했을 거라고 생각하는 사람들도 있답니다.

그 밖에도 스테고사우루스의 유명한 특징이 더 있습니다. 꼬리 끝에 붙어 있는 1미터 길이의 골침(뼈로 된 가시)이었지요. 이 사악한 무기는 적에게 심각한 상처를 입힐 수 있었답니다.

스테고사우루스는 몸집이 개보다 약 100배 더 컸지만, 뇌는 아주 작았답니다. 개의 뇌 크기와 엇비슷했습니다.

걸어 다니는 요새 상을 수상한 스테고사우루스의 놀라운 정보

스테고사우루스와 달리기 시합을 하면 분명 사람이 쉽게 이깁니다. 스테고사우루스는 코끼리처럼 약 시속 6킬로미터로 걸었거든요.

이 공룡은 뭉툭한 앞다리보다 약 두 배나 길고 튼튼한 뒷다리로 무거운 몸을 지탱했습니다.

과학자들은 한때 스테고사우루스의 골판이 마치 지붕처럼 등에 평평하게 놓여 있다고 생각했습니다. 그래서 '지붕 도마뱀'으로 불렸답니다.

스테고사우루스는 목, 옆구리, 다리에 뼈 비늘들이 덮여 있었습니다. 안킬로사우루스와 같은 갑옷 공룡의 사촌이었답니다.

스테고사우루스는 먹이를 씹으면서도 뺨주머니에 옮겨 저장할 수 있었습니다. 이빨의 크기는 여러분의 손톱만 했답니다!

스테고사우루스는 일부러 돌을 삼켰습니다. 돌들이 위장 안에서 덜그럭대며 마치 분쇄기처럼 식물을 갈았어요.

스테고사우루스는 아마도 혼자 살거나 작은 무리를 이루어 살았을 겁니다. 디플로도쿠스와 같은 다른 유명한 공룡들과 함께 쥐라기의 숲 지대와 강가의 너른 땅 주변(강물이 넘쳐 생기는 퇴적층)에서 살았답니다.

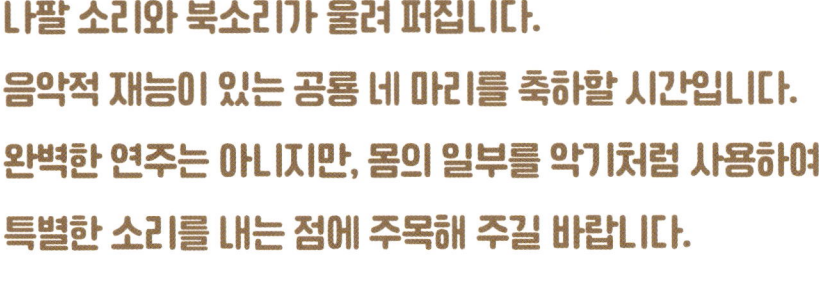

놀라운 음악가 상

나팔 소리와 북소리가 울려 퍼집니다.
음악적 재능이 있는 공룡 네 마리를 축하할 시간입니다.
완벽한 연주는 아니지만, 몸의 일부를 악기처럼 사용하여
특별한 소리를 내는 점에 주목해 주길 바랍니다.

파라사우롤로푸스 PARASAUROLOPHUS
시끄러운 나팔 소리 상

몸길이 11미터　**살던 시기** 7600만 년~7400만 년 전 (백악기)
몸무게 2톤~3톤　**발견 장소** 북아메리카

이 공룡의 거대한 머리 볏은 속이 텅 비어 있었습니다. 그래서 콧구멍으로 들이마신 공기가 머리 볏 안으로 자유롭게 드나들 수 있었지요. 뼈로 된 기다란 볏은 마치 나팔처럼 강력한 소리를 냈을 거예요. 코끼리가 코로 나팔 소리를 내는 원리와 같답니다.

에드몬토사우루스 EDMONTOSAURUS
콧구멍 가수 상

몸길이 9미터~13미터　**살던 시기** 7600만 년~6600만 년 전 (백악기)
몸무게 3톤~4.5톤　**발견 장소** 북아메리카

지구상에 마지막으로 존재한 공룡 중 하나입니다. 이 공룡의 커다란 콧구멍 안은 텅 빈 데다 피부가 주름졌을 거예요. 콧구멍 안으로 공기가 들어가면 주름진 피부가 풍선처럼 부풀어 오르면서 우렁찬 소리를 냈던 것으로 보입니다. 에드몬토사우루스는 이 소리로 다른 공룡들에게 위험을 경고하거나, 경쟁자를 위협하고 짝을 유혹했을 거예요. 오늘날 수컷 코끼리물범의 코도 이와 비슷하게 쓰인답니다.

람베오사우루스 LAMBEOSAURUS
빵빵거리는 머리 볏 상

몸길이 9미터~15미터　　**살던 시기** 7600만 년~7400만 년 전 (백악기)
몸무게 3톤~4.5톤　　**발견 장소** 북아메리카

이 공룡의 특이한 머리 볏을 보세요! 마치 머리에 도끼날이 튀어나온 것처럼 보이지 않나요? 볏 속의 빈 공간 때문에 빵빵거리는 소리가 더 크게, 또 멀리 울려 퍼졌습니다. 이 볏은 처음에는 작은 돌기 모양이고, 공룡이 자라면서 점점 커졌답니다. 볏의 다양한 모양과 무늬로 서로를 알아보고, 짝을 찾기도 했을 거예요.

코리토사우루스 CORYTHOSAURUS
헬멧 합창단 상

몸길이 10미터　　**살던 시기** 7600만 년~7400만 년 전 (백악기)
몸무게 3톤~4.5톤　　**발견 장소** 북아메리카

이 공룡의 이름 뜻은 '헬멧 도마뱀'입니다. 고대 그리스 군인의 투구처럼 생긴 머리 볏 때문에 붙여진 이름이지요. 과학자들은 이 공룡의 머리 볏을 3D 모델로 만들었고, 속이 빈 볏 안으로 공기가 지나갈 때마다 쿵쿵거리는 소리가 난다는 사실을 알아냈습니다. 코리토사우루스는 머리 볏으로 큰 소리를 내어 친구들에게 신호를 보냈을 거예요. 또한 청각을 담당하는 뇌 부위가 넓고, 귀 뼈가 섬세해서 소리에 민감했을 것으로 보입니다.

트로오돈 TROODON

이름 뜻 상처를 주는 이빨
살던 시기 7600만 년~6600만 년 전 (백악기)
몸길이 2미터~3미터 **키** 1미터
발견 장소 북아메리카, 아시아(중국)
식성 육식(작은 포유류, 파충류, 조류)
몸무게 40킬로그램~50킬로그램

큼지막한 눈 상

다른 공룡들보다 유독 눈이 큰 트로오돈은 망원경 없이도 얼마든지 잘 볼 수 있었답니다. 춥고 어두운 환경에서도 사냥을 할 수 있었던 것도 다 큼지막한 눈 덕분이었지요.

트로오돈의 눈은 너비가 5센티미터 정도로, 여러분의 새끼손가락만큼 길었습니다! 사람처럼 앞을 바라봤으며, 먹잇감이 얼마나 멀리 떨어져 있는지 파악한 뒤에 정확하게 공격할 수 있었습니다. 트로오돈은 덩치에 비해 뇌가 큰 편이었습니다. 아마도 일반 공룡들보다 지능이 더 높았을 것이며, 오늘날의 닭만큼 똑똑했을 겁니다.

민첩한 사냥꾼 트로오돈은 길고 강한 뒷다리로 먹이를 쫓았습니다. 각 뒷발의 두 번째 발가락에는 큰 갈고리발톱이 있었는데 공격하거나 방어를 할 때 쓰였을 겁니다. 트로오돈은 이 갈고리발톱을 날카롭게 유지하기 위해 땅에 닿지 않게 살짝 들고 걷거나 달렸습니다. 벨로키랍토르와 데이노니쿠스도 트로오돈과 비슷한 발톱을 가지고 있었답니다. 트로오돈이 이 사나운 공룡들과 관련이 있다는 것을 의미하지요.

트로오돈은 오늘날의 새와 닮았습니다. 하지만 새보다 몸집이 더 크고, 앞다리가 길고 가늘었습니다. 앞발의 발가락 세 개로 먹이나 물건을 잡을 수도 있었답니다.

스키우루미무스 SCIURUMIMUS

이름 뜻 다람쥐 따라쟁이
살던 시기 1억 5600만 년~1억 5100만 년 전 (쥐라기)
몸길이 3미터
키 1.5미터
발견 장소 유럽(독일)
식성 육식(다른 공룡, 작은 동물, 곤충)
몸무게 75킬로그램

스키우루미무스는 꼬리가 다람쥐처럼 길고 복슬복슬했습니다. 물론 다람쥐처럼 새 모이통을 덮치거나 도토리를 땅속에 묻지는 않았답니다! 이 공룡은 위협적인 육식 동물이었거든요.

과학자들이 지금까지 발견한 스키우루미무스의 화석은 딱 하나뿐입니다. 아직 다 자라지 않은 스키우루미무스 화석이었지요. 그 화석의 주인공은 몸길이가 70센티미터 정도밖에 안 되었습니다. 과학자들은 데이노니쿠스와 같은 친척 공룡들의 크기를 감안했을 때 스키우루미무스가 3미터까지 자랐을 거라고 추정합니다. 다 자란 스키우루미무스는 다른 공룡을 사냥했을지도 모르지만, 어린 스키우루미무스는 곤충과 작은 동물을 사냥하는 민첩한 사냥꾼이었답니다. 먹이를 쫓아 뒷다리로 재빠르게 달렸고, 가늘고 뾰족한 이빨로 먹이를 낚아챘습니다.

어린 스키우루미무스는 이빨이 작고, 눈이 컸습니다. 복슬복슬 귀여워 보이지만 고약하게 깨물 수도 있다는 걸 잊지 마세요!

스키우루미무스는 꼬리가 다람쥐처럼 복슬복슬해서 붙여진 이름입니다. 온몸이 솜털 같은 깃털로 덮인 포식자였지요.

복슬복슬한 꼬리 상을 수상한 스키우루미무스의 놀라운 정보

스키우루미무스의 첫 화석은 독일에서 발견됐습니다. 1억 5000만 년 된 석회암에 아름답게 보존돼 있었답니다.

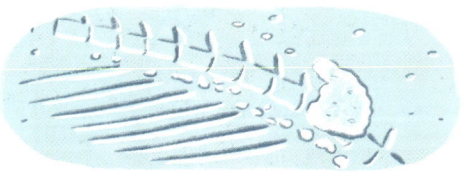

화석에 자외선을 쬐었더니 공룡의 깃털, 근육, 심지어 노란색 피부 조각까지도 볼 수 있었습니다.

스키우루미무스의 꼬리는 다람쥐처럼 덥수룩했습니다. 다람쥐와 닮은 점은 그뿐입니다. 다 자란 스키우루미무스의 몸은 다람쥐 열 마리를 합친 것만큼 길었습니다.

스키우루미무스의 깃털은 병아리의 깃털처럼 보송보송했거나, 오늘날의 타조의 깃털처럼 덥수룩했을 겁니다.

스키우루미무스의 깃털은 체온을 따뜻하게 유지하는 데 쓰였지만, 비행에는 별 도움이 되지 않았습니다. 스키우루미무스의 발견으로 깃털로 덮인 육식 공룡이 더 많았을 거라는 사실을 알 수 있습니다.

스키우루미무스의 깃털은 익룡의 깃털과 비슷했답니다. 익룡은 하늘을 나는 파충류랍니다.

갈리미무스 GALLIMIMUS

이름 뜻 닭 따라쟁이
살던 시기 7400만 년~7000만 년 전 (백악기)
몸길이 6미터~8미터
키 3.4미터
발견 장소 아시아(몽골)
식성 잡식(식물, 곤충, 도마뱀, 열매, 씨앗, 알)
몸무게 200킬로그램~450킬로그램

꼬리가 긴 커다란 타조처럼 생긴 갈리미무스는 아마도 오늘날의 경주마보다도 빨랐을 거예요. 최대 시속 80킬로미터로 달릴 수 있었거든요!

갈리미무스는 기다란 꼬리를 사용해 몸의 균형을 맞추었고, 강한 뒷다리로 매우 빠르게 달렸습니다. 속이 빈 뼈는 몸무게를 줄여 주었고, 그 덕에 적으로부터 재빨리 도망칠 수 있었습니다. 그리고 안전을 위해 무리 지어 돌아다녔을 가능성이 높습니다. 눈이 커서 아마 시력도 좋았을 겁니다. 머리 양쪽 옆 가장 높은 곳에 달린 두 눈으로 위험을 재빨리 알아차릴 수 있었답니다.

과학자들은 갈리미무스가 이빨 없는 부리로 곤충과 식물 그리고 알 등 다양한 먹이를 먹었을 거라고 생각합니다. 삽처럼 생긴 앞발로 땅속에 묻힌 공룡 알 같은 먹이를 파냈을 겁니다. 앞발에 달린 긴 발톱은 식물의 가지를 잡아당기거나, 벌레와 도마뱀 같은 작은 먹잇감을 잡는 데 유용하게 쓰였겠지요.

이름의 뜻은 '닭 따라쟁이'였지만, 닭보다 훨씬 더 컸습니다. 그리고 닭보다 최소 80배는 더 무거웠습니다!

최고의 날쌘돌이 상을 수상한 갈리미무스의 놀라운 정보

갈리미무스의 목과 다리 그리고 이빨 없는 부리까지 모두 길쭉길쭉했습니다. 몸은 깃털로 덮였을 겁니다.

갈리미무스는 피아노만큼이나 무거웠고, 키는 어른보다 두 배쯤 컸습니다.

갈리미무스의 뇌 크기는 골프공만 했습니다.

갈리미무스의 부리에는 빗살 같은 주름이 있었는데, 오늘날 오리처럼 물에서 먹이를 걸러 내는 데 쓰였을 겁니다.
거북의 부리처럼 식물의 잎사귀를 물어뜯을 때 썼을 거라고 추측하기도 합니다.

갈리미무스의 부리와 아래턱을 이루는 뼈 중 일부는 종잇장처럼 얇았습니다. 그 두께가 겨우 몇 밀리미터였답니다!

갈리미무스는 두 눈이 옆쪽을 바라보고 있어서 사물을 입체적으로 볼 수 없었습니다. 눈의 위치가 오늘날의 초식 동물과 비슷했지요.
육식 동물의 눈은 보통 앞쪽을 바라봅니다.

테리지노사우루스 *THERIZINOSAURUS*

이름 뜻 낫 도마뱀
살던 시기 8500만 년~7000만 년 전 (백악기)
몸길이 10미터　　**키** 3미터~5미터
발견 장소 아시아(몽골)
식성 잡식(연구 중입니다!)
몸무게 2톤~4.5톤

이 별난 공룡은 매력 포인트가 꽤 많습니다. 목은 길쭉했지만 배는 풍선처럼 부풀었으며, 발톱은 마치 기다란 칼 같았지요.

과학자들은 테리지노사우루스의 커다란 발톱이 잎사귀 많은 나뭇가지를 끌어 내리는 용도로 쓰였을 거라고 생각합니다. 포식자로부터 자신을 지키기 위해 휘둘렀을 수도 있습니다. 그리고 오늘날 개미핥기의 커다란 발톱처럼 흰개미 집을 뜯을 때 썼을 수도 있습니다.

이 공룡은 펑퍼짐한 엉덩이로 통 모양의 거대한 위장을 떠받쳤는데, 위장이 큰 만큼 많은 양의 식물을 소화했을 겁니다. 하지만 배가 너무 뚱뚱한 나머지 걸음걸이가 느리고 뒤뚱거릴 수밖에 없었을 거예요. 그다지 위엄 있는 모습은 아니었겠지요!

과학자들은 수수께끼 같은 이 공룡의 완전한 뼈대를 아직까지 찾지 못했답니다. 그래서 이빨 같은 부위는 여전히 베일에 싸여 있습니다.

테리지노사우루스의 발톱은 각각의 길이가 최대 1미터나 됐습니다! 지구상에 살았거나 살아 있는 동물의 발톱 중에서 가장 긴 것입니다.

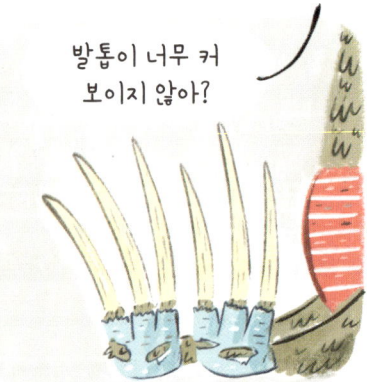

테리지노사우루스의 뼈와 발톱 화석을 처음 발견했을 당시에 과학자들은 이 동물이 커다란 발톱을 가진 바다거북인 줄 알았답니다.

과학자들은 테리지노사우루스가 무리 지어 살았는지, 혼자 살았는지 잘 모른답니다. 다만 이 공룡들이 함께 둥지를 만들었다는 것은 확실합니다. 한 지역에서 테리지노사우루스의 알둥지가 여러 개 발견되었거든요.

테리지노사우루스의 몸은 깃털로 덮여 있었을 겁니다.

테리지노사우루스는 너무 무거워서 날 수 없었습니다. 깃털은 아마도 체온을 따뜻하게 유지하거나, 짝에게 자신을 뽐내는 데 쓰였을 겁니다.

오우라노사우루스 OURANOSAURUS

이름 뜻 용감한 왕도마뱀
살던 시기 1억 1500만 년~1억 년 전 (백악기)
몸길이 7미터~8미터　　**키** 3미터
발견 장소 북아프리카
식성 초식(양치류, 수생 식물)
몸무게 3.5톤

오우라노사우루스를 보면 등과 꼬리 부위의 커다란 돛이 가장 먼저 눈에 띄어요. 이뿐만이 아니에요. 앞발의 갈고리 발톱이 달린 첫째 발가락, 오리 같은 부리와 길고 납작한 머리 그리고 두 눈 사이에 난 혹도 독특해요.

오우라노사우루스의 돛은 등뼈와 꼬리뼈에서 솟아오른 기다란 막대기 같은 뼈들로 이루어져 튼튼했습니다. 이 돛은 세 살 무렵부터 자라기 시작했답니다. 아마도 적과 경쟁자를 위협하거나, 짝을 유혹할 때 쓰였을 겁니다. 일부 과학자들은 이 돛이 체온 조절 역할을 했거나, 낙타의 혹처럼 남는 영양분을 저장하는 용도로 쓰였을 거라고 생각합니다.

약 1억 년 전 북아프리카 지역은 식물들이 무성하고 늪지대가 많은 열대 우림이었답니다. 오우라노사우루스의 부리는 넓적해서 부드러운 잎사귀를 뜯어 먹기에 적당했습니다. 부리로 뜯은 식물을 입 안쪽에 있는 어금니로 잘 으깬 뒤에 삼켰을 겁니다. 날카로운 발톱이 달린 첫째 발가락의 쓰임새는 아직까지 밝혀지지 않았답니다.

오우라노사우루스는 오늘날의 카멜레온처럼 돛의 피부색을 자유자재로 바꾸었을지도 모릅니다. 근사하지 않나요?

멋쟁이 돛 상을 수상한 오우라노사우루스의 놀라운 정보

오우라노사우루스는 한때 공룡이 살았던 같은 아프리카 지역에 사는 왕도마뱀의 이름을 따서 붙여진 이름입니다.

이 공룡은 아시아코끼리만큼 무거웠습니다.

오우라노사우루스의 돛은 몇 백만 년 후 아프리카에 살았던 공룡인 스피노사우루스의 돛과 비슷했답니다.

오우라노사우루스는 콧구멍이 비교적 윗부분에 있었습니다. 그래서 키 작은 식물을 먹는 동안에 진흙이나 흙먼지로 막힐 일이 거의 없었습니다.

오우라노사우루스는 두 다리 또는 네 다리로 걷거나 쉬었습니다. 네 발을 모두 땅에 디뎠을 때는 앞다리의 튼튼한 발가락들이 몸을 지탱했답니다.

앗, 깜짝이야! 오우라노사우루스는 거대한 악어 사르코수쿠스와 같은 포식자를 만나면 긴 뒷다리로 재빨리 도망쳤을 겁니다.

두 눈 사이에 난 이상한 혹은 짝을 유혹하거나 친구와 친척을 알아보는 데 쓰였을 겁니다.

화려한 깃털 상

안타깝게도 오늘 이 자리에 함께할 수는 없지만 (오래전에 멸종했기 때문입니다!), 가장 옷을 잘 입었던 공룡 네 마리를 위해 힘찬 박수를 쳐 주세요. 이들은 멋진 깃털로 당당하게 매력을 뽐냈답니다.

안키오르니스 ANCHIORNIS
파격적인 볏 상

몸길이 34센티미터 **살던 시기** 1억 6000만 년~1억 5500만 년 전 (쥐라기)
몸무게 110그램 **발견 장소** 아시아 (중국)

몸집은 닭처럼 작지만 머리에 파격적인 주황색 깃털 볏을 달았답니다. 몸통은 폭신한 회색 깃털로 감쌌고, 팔다리와 꼬리는 기다란 흑백의 깃털로 치장했습니다. 심지어 발에도 깃털이 달렸답니다! 머리 볏은 짝을 유혹할 때, 희고 검은 깃털은 얼룩말 줄무늬처럼 적을 따돌릴 때 쓰였을 수도 있습니다.

미크로랍토르 MICRORAPTOR
네 개의 날개 상

몸길이 80센티미터~90센티미터 **살던 시기** 1억 2500만 년~1억 2000만 년 전 (백악기)
몸무게 1킬로그램 **발견 장소** 아시아 (중국)

미크로랍토르의 앞다리와 뒷다리에는 검푸른 색의 반짝이는 긴 깃털이 달렸습니다. 그래서 날개가 네 개나 됐지요. 나무 사이를 이동하면서 짧은 시간 날 수 있었을 거예요. 이러한 능력은 먹잇감을 사냥할 때나 포식자로부터 도망칠 때 필요했을 겁니다. 새처럼 생긴 공룡 미크로랍토르는 익룡 또는 초기 새들과 함께 하늘을 날았답니다.

우울롱

시노사우롭테릭스

우울롱 WULONG
시노사우롭테릭스 SINOSAUROPTERYX
어쩌면 반려동물 상

몸길이 1.5미터 / 1미터 **살던 시기** 1억 2200만 년~1억 2000만 년 전 (백악기)
몸무게 1킬로그램~1.5킬로그램 / 2.5킬로그램 **발견 장소** 아시아(중국)

반려동물로 공룡을 키우고 싶다고요? 음, 이 두 공룡이라면 작아서 가능할지도 모르겠네요. (기다란 꼬리를 무시한다면요!) 두 공룡은 모두 보드라운 깃털 덕분에 체온을 따뜻하게 유지했을 겁니다. 시노사우롭테릭스는 등 부위의 깃털이 밤색이었고, 배 부위의 깃털이 밝은색이었습니다. 우울롱은 아주 긴 두 개의 꼬리뼈가 있었습니다. 꼬리 끝에 달린 깃털로 동료에게 신호를 보냈을지도 모릅니다. 사촌인 미크로랍토르처럼 네 개의 날개는 활공할 때 썼을 수도 있습니다.

아비미무스 AVIMIMUS
타조처럼 상

몸길이 1.5미터 **살던 시기** 8000만 년~7000만 년 전 (백악기)
몸무게 20.5킬로그램 **발견 장소** 아시아(중국, 몽골)

똑똑한 공룡 아비미무스는 생김새가 오늘날 타조와 비슷했습니다. 근육질의 뒷다리를 이용해 타조처럼 먼 거리를 빠르게 달렸습니다. 아비미무스의 깃털은 보온과 위장 또는 짝을 유혹하는 데에 쓰였을 겁니다. 이빨이 없는 주둥이는 먹이를 쪼아 먹기 위해 새의 부리 모양과 같았답니다. 하지만 새와 달리 꼬리에 뼈가 있어서 빨리 달릴 때 균형을 잡고 몸의 방향을 조종할 수 있었을 겁니다.

디플로도쿠스 *DIPLODOCUS*

이름 뜻 두 개의 기둥
살던 시기 1억 5500만 년~1억 4500만 년 전 (쥐라기)
몸길이 27미터~33미터   **키** 6미터
발견 장소 북아메리카
식성 초식 (양치류, 소철류, 송백류, 은행나무 잎사귀)
몸무게 20톤

디플로도쿠스는 몸길이가 테니스 코트(23.77미터)보다 길었습니다. 그 어마어마한 몸길이의 대부분을 차지한 것은 다름 아닌 목과 꼬리였습니다.

디플로도쿠스는 몸집이 거대하고 목이 긴 초식 공룡 무리인 용각류에 속했습니다. 큰 몸을 유지하기 위해서 엄청난 양의 식물을 먹었고, 커다란 위장으로 먹은 것을 다 소화했습니다. 디플로도쿠스는 주둥이 앞쪽에 짧은 연필처럼 생긴 이빨들이 나 있어서 식물의 거친 줄기에서 잎사귀를 뜯어 먹기에 알맞았습니다. 이빨은 약 35일마다 새 이빨로 교체되었습니다. 디플로도쿠스는 먹이를 어금니로 씹지 않고 그대로 삼켰답니다.

다른 용각류 공룡과 마찬가지로 디플로도쿠스는 기다란 목을 앞뒤로 움직여서 키 작은 식물을 뜯어 먹었을 겁니다. 목에는 15개의 길쭉한 뼈가 있었고, 버스보다도 긴 꼬리 속에는 약 80개의 뼈가 있었습니다. 꼬리는 땅에 닿지 않게 들어서 목과 무게 균형을 맞추었습니다.

가장 기다란 꼬리 상

과학자들은 디플로도쿠스가 초음속으로 꼬리를 휘둘러 친구에게 신호를 보내거나 천적이 두려워하는 굉음을 냈을 거라고 생각합니다.

오비랍토르 *OVIRAPTOR*

이름 뜻 알 도둑
살던 시기 8500만 년~7500만 년 전 (백악기)
몸길이 2미터
키 1미터
발견 장소 아시아(몽골)
식성 잡식(갑각류, 조개류, 도마뱀, 열매, 알)
몸무게 20킬로그램~35킬로그램

오비랍토르는 이빨이 없었어요. 그 대신 입천장에 뼈로 된 가시 두 개가 있었답니다. 이처럼 특이한 입 구조는 알이나 단단한 과일 또는 조개를 으깨 먹을 때 유용했을 겁니다.

오비랍토르는 공룡이 멸종되기 직전인 시기에 살았고, 약간 똑똑했습니다. 부리는 앵무새처럼 날카롭고 구부러졌으며 그 당시 살았던 다른 작은 육식 공룡들처럼 몸은 보송보송한 깃털로 덮여 있었을 겁니다. 꼬리는 매우 잘 구부러지는 근육질이었지요. 수컷 오비랍토르는 암컷을 유혹하기 위해 화려한 꼬리 깃털을 흔들었을 겁니다. 얼마나 환상적이었을까요?

오비랍토르는 안전을 위해 무리 지어 살았을 겁니다. 긴 뒷다리로 타조처럼 재빠르게 달릴 수도 있었습니다. 뒷발의 세 발가락에는 땅을 짚거나 먹이를 잡고 찢을 수 있는 긴 발톱이 달렸습니다. 앞발에는 가느다란 발톱이 달린 긴 발가락 세 개가 있어서 물건을 쉽게 잡았을 겁니다. 오비랍토르는 천적을 위협할 때 강력한 부리를 빠르게 움직여 소리를 냈을 수도 있습니다.

공룡 치과 의사가 오비랍토르를 진료한다면 이빨이 없어서 깜짝 놀랄 거예요. 입천장에 돋은 가시 두 개를 보고 또 한 번 놀라겠지요.

모조리 으깨기 상을 수상한 오비랍토르의 놀라운 정보

오비랍토르의 뜻은 '알 도둑'입니다. 깨진 알 둥지 근처에서 첫 번째 화석이 발견되어서 붙여진 이름이지요. 과학자들은 오비랍토르가 알을 훔쳐 먹었다고 생각했습니다.

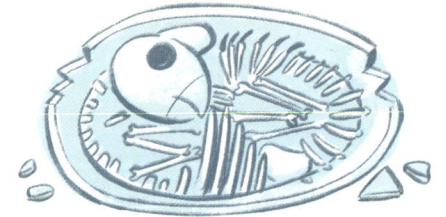

과학자들은 훗날 더 많은 알 화석을 발견했는데, 이 속에 오비랍토르의 배아가 들어 있었습니다.

얼마 뒤 둥지에 앉아 있는 오비랍토르의 화석이 발견됐습니다. 앞다리로 알을 감싸 보호하고 있었지요. 결국 오비랍토르는 도둑 누명을 벗었답니다!

오비랍토르의 머리에는 큼직한 헬멧처럼 보이는 볏이 달려 있었습니다.
이 볏의 색깔로 짝을 유혹하거나 다른 공룡을 알아보았을지도 모릅니다.

암컷 오비랍토르는 한 번에 스무 개 정도의 알을 낳았으며,
혼자서 또는 짝과 함께 알과 새끼를 돌보았을 겁니다.

오비랍토르는 몸통이 가볍고 다리가 길어서 오랫동안 달릴 수 있었습니다.
그 당시 살았던 대부분의 공룡들보다 빨랐고, 몸을 살짝 돌려
방향을 바꿀 수도 있었습니다.

오비랍토르는 목이 길쭉하고 눈이 올빼미처럼 커서 멀리서도
적과 먹잇감을 볼 수 있었을 겁니다.

드로마이오사우루스 DROMAEOSAURUS

이름 뜻 달리는 도마뱀
살던 시기 7600만 년~7400만 년 전 (백악기)
몸길이 2미터
키 50센티미터
발견 장소 북아메리카
식성 육식(작은 공룡, 도마뱀, 거북)
몸무게 15킬로그램

새처럼 생긴 똑똑한 공룡 드로마이오사우루스는 사나운 사냥꾼이었습니다. 치명적인 발톱, 강력한 턱, 튼튼한 이빨, 그리고 뼈를 으깰 정도의 무는 힘까지 갖추었답니다.

드로마이오사우루스는 몸집이 늑대만 했습니다. 오늘날의 늑대처럼 무리 지어 사냥했을 것으로 보입니다. 아마도 자신보다 더 큰 동물도 사냥했을 겁니다. 가장 빠른 공룡 중 하나인 드로마이오사우루스는 뒷다리가 길어서 먹잇감을 쫓을 때 속도가 아주 빨랐습니다. 커다란 발톱으로 운 없는 먹잇감을 움켜잡고, 강력한 턱으로 먹이의 숨통을 끊었을 겁니다. 갈고리발톱과 크고 튼튼한 이빨은 먹잇감을 사냥하기에 좋았습니다.

드로마이오사우루스는 몸의 균형을 잡기 위해 꼬리가 땅에 닿지 않게 든 채로 다녔습니다. 꼬리는 몸통과 가까운 부위만 유연했고, 나머지 부위는 뼈들이 격자 모양으로 감싸고 있어서 꼿꼿했습니다.

커다란 머리뼈와 튼튼한 턱 덕분에 무는 힘이 벨로키랍토르보다 세 배쯤 더 강했습니다.

커다란 한입 상을 수상한 드로마이오사우루스의 놀라운 정보

드로마이오사우루스는 벨로키랍토르처럼 뒷발에 갈고리발톱이 있고, 이빨이 단검처럼 날카로운 공룡들의 친척이었습니다.

이 공룡은 오늘날의 늑대만큼 빠르게 달렸습니다. 그래서 '달리는 도마뱀'이라고 불렸지요.

드로마이오사우루스는 덩치에 비해 뇌가 아주 컸어요. 그래서 과학자들은 한동안 이 공룡의 원래 몸집은 이보다 더 컸을 거라고 생각했답니다.

드로마이오사우루스는 뒷발의 갈고리발톱을 땅에서 띄운 채로 걷거나 뛰었습니다. 발톱을 날카롭게 유지하기 위해서였지요.

큰 눈과 뛰어난 시력은 먹잇감을 사냥하고 적을 경계하는 데 유용했습니다. 이 무시무시한 사냥꾼은 후각과 청각도 발달했을 겁니다.

드로마이오사우루스의 이빨은 구부러진 톱니 모양이었습니다. 먹잇감의 뼈에서 살을 발라내는 데 유용했지요.

드로마이오사우루스의 화석 중에서 깃털의 흔적은 발견되지 않았어요. 하지만 과학자들은 이 공룡의 몸에도 깃털이 달렸을 거라고 생각합니다. 친척 공룡들 대부분이 깃털을 가지고 있었기 때문이지요.

크리올로포사우루스 CRYOLOPHOSAURUS

이름 뜻 차가운 볏 도마뱀
살던 시기 1억 9000만 년~1억 7000만 년 전 (쥐라기)
몸길이 6미터~7미터 **키** 1.5미터
발견 장소 남극
식성 육식(포유류, 파충류, 다른 공룡)
몸무게 500킬로그램

크리올로포사우루스의 별명은 '엘비사우루스'입니다. 특이한 머리 볏이 로큰롤의 전설로 불리는 1950년대 미국의 인기 가수 '엘비스 프레슬리'의 머리 모양과 비슷했기 때문이지요.

크리올로포사우루스의 머리 볏은 머리뼈가 튀어나온 것으로, 표면이 주름져 있어서 부채나 빗처럼 보였답니다. 이 볏은 천적이나 경쟁자와 몸싸움을 할 때 쓰기엔 너무 연약했습니다. 아마도 색깔이 밝아서 짝을 유혹하는 데 쓰였을 것으로 보입니다.

크리올로포사우루스는 쥐라기 세계의 남극 대륙에서 최고의 포식자 중 하나였습니다. 이 공룡이 살았을 당시 전 세계의 기후는 지금보다 훨씬 따뜻하고 습했답니다. 남극도 마찬가지였습니다. 오늘날과는 다르게 적도 지역과 훨씬 더 가까이 있어서 지금보다 기온이 높고 식물들도 많았답니다. 아마도 크리올로포사우루스는 추위로 꽁꽁 얼어붙은 허허벌판이 아니라 시원한 숲에서 여유롭게 먹잇감을 사냥했을 거예요.

크리올로포사우루스는 남극 대륙에서 최초로 발견된 육식 공룡입니다. 아주 강한 사냥꾼으로, 커다란 입속은 날카로운 이빨들로 가득했지요.

로큰롤의 제왕 상을 수상한 크리올로포사우루스의 놀라운 정보

크리올로포사우루스는 당시 육식 공룡 중에서 가장 컸을 겁니다.

크리올로포사우루스의 뼈를 발견한 과학자들은 이 공룡이 사냥한 공룡의 갈비뼈를 먹다가 질식해 죽었다고 생각했습니다! 하지만 나중에 공룡 자신의 갈비뼈라는 사실이 밝혀졌어요.

크리올로포사우루스는 지구의 땅덩어리가 로라시아와 곤드와나, 두 대륙으로 나뉘었던 쥐라기 때 살았습니다.

크리올로포사우루스는 덩치에 비해 뇌가 작았고, 티 렉스와 같은 큰 육식 공룡들만큼 똑똑하지 못했답니다.

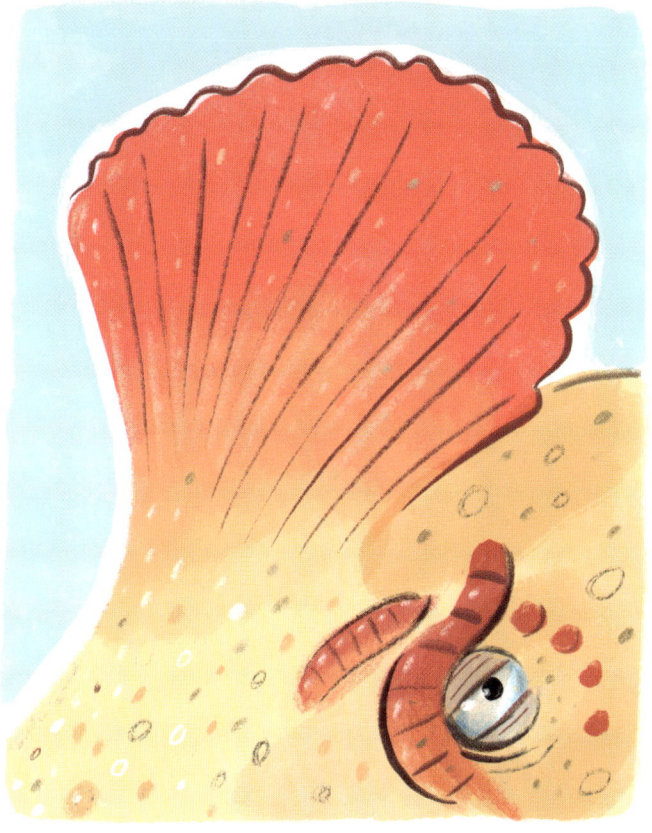
볏의 양옆과 눈 위에는 뼈로 된 작은 뿔들이 솟아 있었습니다. 이것은 눈을 보호하는 고글 같은 역할을 했을 수도 있습니다.

크리올로포사우루스는 온몸이 깃털로 덮여서 몸을 따뜻하게 유지했을 것으로 보입니다.

근육질의 뒷다리와 튼튼한 발목, 그리고 길고 뻣뻣한 꼬리 덕에 빨리 달릴 수 있었을 겁니다.

찾아보기

ㄱ
가스토니아 • 43
가시 • 10, 26, 36, 43, 46, 50, 52, 70
갈고리발톱 • 8, 30, 32, 56, 64, 72~73
갈리미무스 • 60~61
갈비뼈 • 19, 35, 74
갑옷 • 36, 42~43, 53
곤드와나 • 74
기가노토사우루스 • 25, 31
기간토랍토르 • 18
깃털 • 8, 12~13, 16, 18, 20, 22~23, 28~29, 32~33, 41, 58~59, 60, 63, 66~67, 70, 73, 75

ㄴ
날개 • 8, 32~33, 66~67
남아메리카 • 19, 25, 31
남아프리카 • 12, 30
남극 • 74
뇌 • 8, 14, 20, 37, 40~42, 46, 49~50, 52, 55~57, 60, 69, 72, 75

ㄷ
데이노니쿠스 • 40~41, 56, 58
독일 • 22, 25, 32, 58
돛 • 19, 44, 64
둥지 • 38~39, 63, 70
드로마이오사우루스 • 72~73
등뼈 • 64
디플로도쿠스 • 14, 53, 68~69
똥 • 27, 38

ㄹ
람베오사우루스 • 55
로라시아 • 74

ㅁ
마다가스카르 • 31
마멘키사우루스 • 14~15
마이아사우라 • 38~39
마준가사우루스 • 31
머리 볏 • 10~11, 54~55, 66, 74
머리뼈 • 18, 20, 24~26, 28, 46, 50~51, 72, 74
목장식 • 26, 46
몽골 • 8, 14, 18, 42, 60, 62, 67, 70
물렁뼈 • 35
미크로랍토르 • 66~67

ㅂ
발톱 • 8~9, 18, 22, 25, 28, 30, 32~33, 40~42, 44~45, 56, 60, 62~64, 69, 70, 72~73
백악기 • 8, 10, 16, 18~20, 24, 26, 28, 30~31, 34, 36, 38, 40, 42~44, 46, 48, 50, 54~56, 60, 62, 64, 66~67, 70, 72
벨로키랍토르 • 8~9, 32, 40~41, 56, 72
부리 • 12, 16, 18, 26, 32, 34, 46, 60~61, 64, 67, 70
북아메리카 • 18, 20, 26, 30, 34, 36, 38, 40, 42~43, 46, 48, 50, 52, 54~56, 68, 72
북아프리카 • 19, 24, 44, 64
비행 • 23, 32, 59, 66
뺨주머니 • 34, 36, 53
뿔 • 10~11, 18, 26~27, 42, 46~47, 75

ㅅ
사르코수쿠스 • 44, 65
사우로펠타 • 43
사우로포세이돈 • 48~49
사하라 사막 • 44
소리 • 11, 54~55, 70
송곳니 • 12~13
수코미무스 • 44~45
스키우루미무스 • 58~59
스테고사우루스 • 52~53
스피노사우루스 • 19, 24, 44, 64
시노사우롭테릭스 • 67

ㅇ

아르겐티노사우루스 • 14, 19
아르카이옵테릭스 • 16, 32~33
아르헨티나 • 19, 31
아비미무스 • 67
아시아 • 8, 10, 14, 16, 18, 28, 30, 42, 56, 60, 62, 66~67, 70
안키오르니스 • 66
안킬로사우루스 • 36, 42, 53
알 • 18, 28, 38~39, 60, 70~71
에드몬토사우루스 • 54
에오랍토르 • 23
에우오플로케팔루스 • 36~37
오리주둥이공룡 • 10, 38, 40
오비랍토르 • 70~71
오우라노사우루스 • 64~65
우울롱 • 67
우타랍토르 • 30
위장 • 17, 22, 51, 53, 62, 68
유럽 • 22, 32, 34, 52, 58
유티라누스 • 28~29
육식 공룡 • 8, 19, 20, 22, 24, 28, 30~32, 40, 44, 56, 58, 66~67, 72, 74
익룡 • 22~23, 33, 59, 66

ㅈ

잡식 공룡 • 16, 18, 50, 60, 62, 70
중국 • 8, 10, 14, 16~17, 28, 30, 42, 56, 66~67
쥐라기 • 12, 14, 22~23, 32~33, 52~53, 58, 66, 68, 74

ㅊ

차골 • 33
초식 공룡 • 10, 12, 14, 18, 19, 26, 34, 36, 38, 42~43, 46, 48, 52, 54~56, 64, 68
친타오사우루스 • 10~11

ㅋ

카르카로돈토사우루스 • 24~25
카우딥테릭스 • 16~17
코 볏 • 29
코리토사우루스 • 55
코일로피시스 • 30
콤프소그나투스 • 22~23
크리올로포사우루스 • 74~75

ㅌ

테논토사우루스 • 40
테리지노사우루스 • 62~63
트라이아스기 • 30
트로오돈 • 56~57
트리케라톱스 • 18, 26~27, 47, 50
티라노사우루스 렉스(티 렉스) • 20~21, 24, 27~28, 31, 50, 61, 75
티타노케라톱스 • 18

ㅍ

파라사우롤로푸스 • 54
파키리노사우루스 • 46~47
파키케팔로사우루스 • 50~51
판파기아 • 23
페고마스탁스 • 12~13
폐 • 35, 49
폴 세레노 • 12
프랑스 • 22~23
피나코사우루스 • 42

ㅎ

헤레라사우루스 • 23
헤엄치는 공룡 • 19, 32, 44~45
화석 • 10, 12, 16, 22, 25, 27~28, 31, 38, 41, 50, 57~58, 63, 70, 73
힙실로포돈 • 34~35

글 바바라 타일러

어린이 자연 과학 분야의 전문 작가이자 과학 편집자예요.
사우샘프턴 대학교에서 환경 과학을 공부했고, 런던 자연사 박물관에서
일했습니다. 지금까지 150권이 넘는 자연 과학 책과 백과사전 등을 펴냈습니다.
세계 곳곳의 야생 동물 보호 구역을 돌아다니며 동물들의 생태 환경에
대해서도 공부하면서 자연 보호 활동에도 앞장서고 있어요.
지금까지 펴낸 책으로 DK 아틀라스 시리즈 《세계의 동물》, 《세계의 새》와
《작은 우주 인체》, 《살아 있는 지구》 등이 있습니다.

그림 스티븐 콜린스

영국의 만화가이자 일러스트레이터예요. 2003년에 만화가가 되었고,
2010년 조나단 케이프 출판사와 〈옵서버〉지가 매년 공동 주최하는
그래픽노블 단편상을 수상하면서 주목을 받았습니다.
2013년에 발표한 그래픽노블 《거대한 수염을 가진 남자》로
브리티시 코믹 어워드 '최고의 책' 부문 후보에 올랐습니다.
지금은 신문과 잡지에 만화를 그리면서 활발히 활동을 이어 나가고 있습니다.

옮김 박진영

고생물학자이자 과학책과 그림책을 쓰는 작가예요.
강원대학교 지질학과를 졸업하고, 전남대학교에서 척추고생물학 석사 학위를 받았고,
서울대학교에서 박사 학위를 받았습니다.
지금은 서울대학교 고생물학 연구실에서 아시아의 갑옷 공룡 화석을 연구하고 있어요.
지금까지 쓴 책으로는 판타스틱 공룡 일상 시리즈와 《읽다 보면 공룡 박사》,
《신비한 공룡 사전》, 《신비한 익룡 사전》, 《박진영의 공룡 열전》 등이 있고,
쓰고 그린 책으로는 《박물관을 나온 긴손가락사우루스》가 있습니다.